불교와
인도 고대국가
성립에 관한 연구

불교와 인도 고대국가 성립에 관한 연구

박금표 지음

한국학술정보㈜

〈출판에 즈음하여〉

　『불교와 인도 고대국가 성립에 관한 연구』는 1994년에 박사학위 청구를 위해 쓴 논문이다. 10여년이 지난 지금 출판제의를 받고 원고를 읽어보니, 구어체보다는 문어체로 쓰인 문장들이 눈에 거슬렸다. 읽기에 불편한 곳 일부를 수정했지만 학위논문 출판이라는 틀을 벗어버릴 수는 없었다. 딱딱한 문투로 된 이 책을 읽을 독자들의 불편함을 생각하면 마음이 무겁다.

　최근 들어 인도에 대한 관심이 높아지고 있다. 브릭스(Brics), 친디아(Chindia) 등의 용어가 등장할 정도로 급성장하고 있는 인도의 모습에 세계가 놀라고 있기도 하다. 우리나라 역시 많은 기업들이 인도에 진출해 있고, 최근에는 IT관련 유학생과 기업 진출이 눈에 띄게 늘었다. 인도를 향하는 발걸음, 인도를 알고 싶어 하는 사람들의 지적 욕구에 이 책이 작은 보탬이라도 되었으면 한다.

　어려운 가운데서도 학술서적을 출판하고 있는 한국학술정보(주) 관련자들에게 감사의 마음을 전하고 싶다.

2007년 3월
박금표

목 차

Ⅰ. 서 론

본 연구에서 다루고자 하는 시기는 불교의 성립 시기인 기원전 6세기경부터 불교가 국가의 중심사상으로서 정치, 사회에 영향을 미치고 있는 마우리아 제국의 아쇼카왕 시대인 기원전 2세기까지이다. 이 시기는 정치적으로는 도시국가가 형성되어 점차 영토국가로 발전하고 이어 고대제국의 형태로 통일되어 가는 시기이다. 필자가 이 시기를 중심으로 하여 논문을 전개하고자 하는 것은 인도사 전체를 지배하고 있는 것이 브라만 사상과 그를 바탕으로 하는 계급적 질서였다고 한다면 인도 역사에 있어서 이러한 흐름에서 일시적으로 벗어나 있는 시기이며 불교적 영향으로 평등사상이 발전하고 있는 시기가 바로 이 시기이기 때문이다. 한 시대의 역사를 이해하기 위하여서는 그 시대의 정치, 경제, 사상에 대한 종합적인 검토가 필요하다는 것에는 재론의 여지가 없을 것이다. 가장 기본이 되는 왕조 혹은 국가의 형성, 발전 과정과 이를 뒷받침하고 있는 경제적 변화과정에 대한 검토가 이루어져야 하는 것과 더불어 한 시대를 정신적으로 이끌어 가고 있는 사상의 역할에 대한 검토 또한 병행되어야 특정 시대의 종합적인 역사 이해가 가능할 것이다. 인도 고대사의 경우, 16국 시대의 국가 형태와 각 국가들 간의 쟁패 과정 그리고 경제적 발전에 관한 연구를 중심으로 상당수의 연구서들이 나와 있으며 종교와 사상에 관한 연구도 적지 않게 이루어져 있다. 그러나 종교사상의 연구와 정치 경제사의 연구는 개별적으로 이루어져서 종교사상이 정치 경제에 미친 영향에 대하여는 검토가 미흡한 형편이다. 나카무라 하지메(中村元)의 경우는 『インド古代史 上』[1]에서 도시의 성립으로부터 마우리아 시기까지의 국가 형태와

---

1) 中村元, 『インド古代史 上』(東京: 春秋社, 1963).

사회구조를 살피고 있는 장에서 각 도시국가의 통치형태와 경제 발전 과정 및 마우리아제국의 국가체제 등을 다루고 있으나 불교사상이 도시국가에 있어서 왕권강화에 미친 영향에 대하여는 직접적으로 다루지 않고 있다. 타파(Tapar)의 경우는 개설서인 *A History of India*[2)]에서 도시국가의 정치적인 패턴, 마가다의 성장, 마우리아제국의 통일과 아쇼카왕의 다르마정책 등에 관하여 다루고 있으며, 마우리아왕조에 대한 연구서인 *Asoka and the Decline of the Mauryas*[3)]에서는 아쇼카왕과 불교관계를 일부 다루고 있으나, 그의 저술들에서도 불교사상이 고대 제국의 형성과정에 미친 영향에 대한 다각적인 이해가 미흡하고, 생산 계층과 마우리아제국의 통치형태에 미친 불교의 영향에 대하여도 종합적인 검토가 이루어지지 못하고 있다. 또 *Cambridge History of India*[4)]는 각 방면의 연구를 종합하는 형식을 취하고 있기 때문에 역시 정치, 경제에 미친 불교사상의 영향에 대하여는 종합적으로 검토되지 못하고 있다. 한편으로 불교사상에 관한 연구서는 리스 데이비스(Rhys Davids)의 *Buddhist India*[5)]와 和什哲郎의 『原始佛敎の實踐哲學』[6)] 등이 있으며 휘크(R.Fick)의 *Social Organization in North-East India in Buddha's Time*[7)]과 같이 붓다시대의 역사를 불전을 바탕으로 규명하고자 하는

2) Romila Thapar, *A History of India* (New York: Penguin Books, 1966).
3) Romila Thapar, *Asoka and the Decline of the Mauryas*(Oxford: Oxford University press, 1966).
4) *The Cambridge History of India vol.*1(Cambridge: Cambridge University press, 1968).
5) Rhys Davids, *Buddhist India*(Delhi: Motilal Banarsidass, 1971).
6) 和什哲郎, 『原始佛敎の實踐哲學』(東京: 岩波書店, 1932).
7) Richard Fick, *Social Organization in North-East India in Buddha's Time*(Calcutta: Calcutta University, 1920).

연구서들도 나와 불교사상과 붓다시대의 정치적 상황을 기술하고는 있
으나 이러한 종교 관련의 연구서들에서도 당시의 국가 체계와 이에 미
치고 있는 불교의 사상적 역할 등에 대한 검토는 미흡한 편이다.

물론 위에 언급한 연구서들이 반드시 인도 고대의 정치, 종교에 대
한 대표적인 저서라고 할 수는 없고 많은 학자들에 의하여 정치, 경제,
사상사의 연구가 적지 않게 이루어져 왔다.8) 그러나 이러한 연구서에
있어서도 인도 고대사의 전개 즉 도시국가로부터 고대제국의 형성과정
과 생산계층에 미친 불교의 사상적 역할에 대하여는 종합적인 이해가
부족한 형편이다. 따라서 필자는 본 연구를 통하여, 도시국가 시대라고
할 수 있는 16국시대로부터 고대제국이 완성되는 마우리아 제국까지의
시기에, 불교가 담당하고 있는 정치, 사회적 역할에 대하여 검토함으로
써 인도 고대사에 미친 불교사상의 영향을 살펴보고자 한다.

고대사 연구에 있어서 사료의 부족이라고 하는 문제가 인도에 국한
된 것은 아니지만 인도의 경우는 역사 인식보다는 종교, 사상적 인식
이 우선되어 사료로 이용될 수 있는 문헌이 적기 때문에 종교서 등에
의존하여 역사를 연구해야 한다는 면에서 인도고대사 연구는 상당히
제한을 받고 있다.

이 시기의 인도 역사 연구에 있어서 기본적으로 쓰여 질 수 있는 사료
는 브라만 문헌으로는 『브라마나(Brahmana)』,9) 『우파니샤드(Upanishad)』,10)

---

8) 정치에 관한 연구서로는 A. S. Altekar, *State and Government in Ancient*
   India(Banaras: Motilal Banarsidass, 1955); R. Mookerji, *Chandra Gupta Maurya*
   and His Time(Delhi: Motilal Banarsidass, 1966) 등이 있고 경제에 관한 연구서
   로는 R. S. Sharma, *Sudras in Ancdient India*(Delhi: Motilal Banarsidass, 1980);
   Material Culture and Social Formations mbi, *An Introduction to the study*
   ofIndian History(Bombay: Popular Prakashan, 1975); 山崎元一의 『古代インド社
   會の硏究』(東京: 刀水書房, 1986) 등이 있다. 사상적인 면에서는 赤沼智善, 『原
   始佛敎之硏究』(名古屋: 破塵閣書防, 1939); 水野弘元의 『原始佛敎』(京都: 平樂寺
   書店, 1972); 早島鏡正. 高崎直道 共著, 『印度思想史』(東京: 東京大出版會,
   1985); 和什哲郞, 『原始佛敎の實踐哲學』(東京: 岩波書店, 1932) 등의 연구서들이
   있다.

『다르마수트라(*Dharmasutra*)』[11] 등이 있으며 불교 문헌으로는 『니카야 (*Nikaya*)』와 이에 해당되는 한역경전인 『아함경』[12]과 『자타카(Jataka, 한 역으로는 본생경)』[13] 등이 있고 아쇼카왕 시대의 사료로는 아쇼카왕에

---

9) 『브라마나』는 『베다』에 대한 설명적 문헌으로서 제사의 기원, 제사의 실행방법, 찬가와 제사의 의의와 목적 등을 서술하고 있으며 다수의 신화와 전설을 포함 하고 있다. 성립 시기는 기원전 1000년경부터 기원전 800년경까지로 보고 있 으며 『브라마나』 가운데 가장 중요한 것은 사타파타브라마나(*Satapatha Brahmana*)이다. 본 연구에서는 S. B. E. 12, 26, 41, 43, 44권에 수록되어 있는 것을 사료로 이용한다.

10) 『우파니샤드』는 베다의 종결부로서 *Vedanta*라고도 불리는데 그 성립 시기는 대개 기원전 800년에서 기원전 600년경까지로 보는 것이 일반적이며 10여 종 이 있다. 붓다시대 이전의 것으로는 *Brhadaranyaka, Chandogya, Aitareya, Kausitaki, Kena, Isa Upanishad* 등이 있고 붓다시대 이후의 것으로 *Kathaka, Mundaka, Prasna, Svetasvatara, Mahanarayana Upanishad* 등이 있다. 본 연구 에서는 S. B. E. 1권, 15권에 수록되어 있는 *Upanishad* 들을 사료로 이용한다.

11) 『다르마수트라(*Dharma Sutra*)』는 기원전 6세기부터 기원전 2세기경에 형성된 법전류들로 각각의 카스트가 지켜야 할 권리와 의무, 사회의 법규 등을 그 내 용으로 하고 있다. 그 종류로는 *Apastamba, Gautama, Vasistha, Baudhayana,* 등이 있고 『마누 법전(*Manu Dharma Sutra*)』도 이러한 종류에 속한다.

12) 아함이라고 하는 것은 산스크릿의 Agama의 음역으로 도래한 것 또는 전래해 온 것이라는 뜻이다. 『아함경』이 중국에 전해져 번역되어진 시기는 기원후 4-5 세기경이라고 하며 그 원전의 형성은 불멸 후 100년경으로 추정되고 있다. 이 들 『아함경』들은 원시경전에 포함되는 것으로 붓다의 직접적인 가르침을 많이 포함하고 있다고 본다. 그 종류는 『장아함』(22권 30경), 『중아함』(60권 224경), 『잡아함』(50권 1362경), 『증일아함』(51권 472경) 등이다. 본 연구에 인용된 아함경 들은 『대정신수대장경』과 동국대 역경원에서 번역된 한글 아함경 등을 주요 텍스트 로 한다. 중국에 전래된 『아함경』의 원전이라고 하는 팔리어 경전이 *Pali Nikay*인데 한역된 네 개의 아함과 내용이 반드시 일치하지는 않는다. 『니카야』의 종류로는 *Digha, Majima, Anguttara, Sanutta, Khuddaka Nikaya* 등이 있으며 본 연구에서 는 *Sacred Books of the Buddhist*(London: Pali Text Society, 1975)를 주요 텍스트 로 사용한다.

13) 『자타카(*Jataka*)』는 붓다의 전생 이야기로써 547경을 포함하고 있다. 『본생경』 으로 한역되어 있으며 그 성립 시기는 기원전 3세기 이전이라고 본다. 본 연 구에서는 『대정신수대장경』과 동국대 역경원의 본생경 그리고 *Jataka or Stories of the Buddha's Former Births* vol. Ⅰ-Ⅵ(Oxford: Pali Text Society, 1990)을 주요 텍스트로 하며 이후 *Jataka*로 약하여 표기한다.

세운 비문14)들이 있다.

　본 연구에서 사용되고 있는 브라만 문헌들은 주로 산스크릿(Sanscrit)의 형태로 쓰여 있고 *Nikaya*는 팔리(Pali)어로 쓰여 있는데 이들 사료는 영역되어 있는 것을 기본서로 사용하였으며 단어의 의미가 문제가 되고 있는 부분은 이들 사료를 원전과 대조하였다. 또한 한역 경전인 아함경과 본생경은 일본에서 출판된 『신수대장경』을 기본서로 하였으며 번역상에 별다른 문제가 없는 사료의 인용은 동국대에서 출판한 한글경전을 사용하였다. 이러한 사료를 바탕으로 하여 본 연구에서는 불교사상의 성립과 불교사상이 정치, 경제에 미친 영향 그리고 아쇼카왕의 다르마정책에 관하여 다섯 개의 장으로 나누어 살펴보고자 한다. 본 론의 시작인 Ⅱ장에서는 불교사상이 형성된 배경과 그 사상적 특징에 대하여, 특히 평등사상의 성립과 불교 교단에서의 평등론이 어떻게 실현되고 있는가 하는 것을 중심을 살펴보며, Ⅲ장에서는 먼저 브라만교와 불교의 정치사상을 비교 검토하여 보고 이를 바탕으로 불교사상이 왕권강화에 어떠한 영향을 미치고 있는가 하는 것을 살펴보기로 하겠다. Ⅳ장에서는 불교가 인도 고대 사회에서 발전할 수 있는 경제적 바탕을 제공해준 상인 계층의 성장과, 상인계층이 불교를 받아들이게 되었던 계기는 무엇이었는가 하는 점을 검토해보며, Ⅴ장에서는 브라만교에서 최하층으로서 봉사만을 담당하는 예속민으로 규정되어 있던 수드라 계층이 어떻게 경작에 참여하게 되었으며 수드라가 농업에 참여한 이후 농업에 대한 직업적 평가가 어떻게 변화되었는가, 그리고 수드라 계층에 대한 불교의 태도는 어떠한 것이었는가 하는 것을 살펴

---

14) 아쇼카왕비문은 아쇼카왕이 다르마 정책을 실시하면서 일반 인민과 관리들에게 다르마를 실천하도록 하기 위하여 세운 것들로 14장으로 된 암벽비문(Rock Edict, 즉위 12-13년에 새겨짐), 7장으로 된 석주비문(Pilla Edict, 즉위 26-27년에 새겨짐), 소암벽비문(Minor Rock Edict), 소석주비문(Minor Pilla Edict), 동원비문(Cave Edict) 등이 있다. 본 연구에 인용된 비문은 Hultz, *Inscriiption of Asoka* Ⅱ(Oxford: Clarendon Press, 1925)에 있는 것을 주로 사용한다.

보기로 하겠다. 마지막으로 Ⅵ장에서는 아쇼카 왕의 다르마 정책의 내용은 어떠한 것이었는가 하는 것과 이 다르마정책에 미친 불교적 영향은 어떠한 것이었는가 하는 점을 검토하기로 한다.

붓다시대로부터 마우리아왕조에 이르는 시대에 있어서는 정치에 미친 불교의 영향이 확대되어 가고 있었음에도 불구하고, 정치에 미친 사상적 영향은 주로 브라만교를 중심으로 전개되었던 것으로 인식됨으로써, 불교의 정치적 역할이 간과되고 있는 것이 인도 고대사 연구의 현실이다. 또한 생산 계층에 미친 불교의 영향에 대하여도 깊이 있게 다루어지지 못하고 있다. 필자는 본 연구를 통하여 평등사상을 중심으로 불교가 현실 정치에 어떻게 영향을 미치고 있으며 생산 계층에게는 어떠한 영향을 미치고 있는가 하는 면들을 종합적으로 검토함으로써, 인도 고대 사회에 미친 불교의 영향에 대한 새로운 이해가 이루어지고 이와 더불어 인도 고대의 정치, 사회에 관한 연구의 폭이 넓어지기를 기대한다.

마우리아제국의 붕괴 이후 불교와 평등사상이 정치에 미치는 영향력이 상실되었으며 이후 인도에서는 평등론이라고 하는 것을 논할 수 없을 정도로 불교와 평등사상이 쇠퇴하였다. 불교와 그 평등사상을 중심으로 논문을 전개하고 있기 때문에 당연히 불교와 평등론의 쇠퇴라고 하는 것도 검토되어져야 할 것이나 불교와 평등론이 쇠퇴해가는 시기가 마우리아 왕조의 붕괴 이후부터 사실상 이슬람의 침입시기까지 장기간에 걸쳐 일어나고 있기 때문에 이 부분에 대하여는 본 연구에서 구체적으로 다루지 못함을 미리 밝혀둔다.

〈논문에 사용된 약어표〉
 * 『장아함』, 『중아함』, 『잡아함』, 『증일아함』, 『본생경』, 『사분율』.
   -동국대학교 역경원이 번역한 한글 아함경.
 * *Jataka-Jataka or Stories of the Buddha's Former Births*, vol. Ⅰ-Ⅵ.
 * 아쇼카왕 비문(Hultz, *Inscriptions of Asoka Ⅱ*).

<R. E>-Rock Edict(암벽비문), <M. R. E>-Minor Rodk Edict(소암벽비문),

<S. R. E>-Seperate Rdck Edict(벽각암벽비문),

<P. E>-Pilla Edict(석주비문), <M. p.E>-Minor Pilla Edict(소석주비문).

* S. B. E.-*Secret Book of The East*(Delhi: Motilal Banarsidass, 1974).

Ⅱ. 불교사상의 성립

1. 붓다시대까지의 인도 사회

유목민족인 아리아(Arya)인들은 인도에 침입하여 선주민들을 정복하고 기원전 1500년경에는 펀잡(Punjab)지역에 정착하여 촌락사회를 이루었으며 기원전 1300년경에는 리그베다를 중심으로 하는 베다 사회가 형성되었다.(리그베다시대: 기원전 1300년경부터 기원전 1000년경까지) 아리아인들은 기원전 1000년경부터 동쪽으로 진출하여 갠지스 강(Ganges) 상류와 야무나강(Yamuna) 사이의 비옥한 토지를 중심으로 목축과 함께 농업에도 종사하게 되었으며, 다수의 촌락을 건설하여 씨족 중심의 농촌사회를 형성하였다. 이 시기에 사제자와 왕족들은 독립 계층을 형성하고, 점차 각 계층 간의 구별이 심화되면서 브라만(Brahman), 크샤트리야(Ksatriya), 바이샤(Vaisya), 수드라(Sudra)라고 하는 네 개의 계층을 바탕으로 하는 카스트제(Caste)[1]가 성립되었다.(기원전 8세기경) 이 무렵에 『브라마나(Brahmana)』 문헌들이 형성되었기 때문에 브라마나시대라고 부르기도 한다.(기원전 1000년경부터 기원전 800년경까지) 갠지스 상

---

1) 인도의 계급제는 일반적으로 카스트(Caste)로 표기 되고 있다. 카스트제는 바르나(Varna, 브라만, 크샤트리야, 바이샤, 수드라의 네 계층)제, 혈연 집단인 자띠(jati), 직업적 요인 등이 혼합되어 형성된 계급제인데 포루투갈어인 카스타(casta, 계층)에서 생겨난 말이다. 고대 인도문헌에는 계급, 사성을 나타내는 말로 바르나가 쓰이고 있는데, 무갈 제국시대에 포루투갈 등의 서양 세력이 인도에 침입한 이후에는 카스트라고 하는 말이 일반적으로 사용되게 되었다. 엄밀하게 구분하자면 카스트제와 바르나제는 구분되어질 수 있으나 카스트라고 하는 말이 더 일반적으로 사용되고 있으며 포괄적인 개념이기 때문에 본 연구에서는 인도의 계급제에 대한 표현으로 카스트라는 용어를 사용하기로 한다. 이와 더불어 일본학자들의 연구서를 인용하거나 한자로 표기할 때는 사성제 혹은 종성이라고 하는 표현을 함께 사용하기로 한다.

류를 중심으로 씨족적 농촌사회를 형성했던 아리안들이 점차 갠지스 중, 하류로 이동하여 거주지가 확대되었고, 갠지스 중하류 지역은 땅이 비옥하여 농업 생산이 증가됨으로써 물질적으로 풍요로운 생활을 영위하게 되었다. 이러한 경제력을 바탕으로 다수의 소도시가 형성되었으며, 소도시를 중심으로 도시국가가 생겨났다. 브라마나시대 말기에 이르면 소도시 국가들이 점차 세력을 확대하여 그 가운데 몇 개의 도시국가들은 대국으로 성장하고 이들에 의하여 소국들이 병합되면서 도시국가들 사이에 약육강식의 전쟁이 전개되었고, 붓다시대(기원전 6세기경)에 이르면 대표적인 16국들이 쟁패를 거듭하게 되었다. 16국의 이름은 사료에 따라 차이가 있으나 앙가(Anga), 마가다(Magadha), 카시(Kasi), 코살라(Kosala), 브리지(Vajji), 말라(Malla), 체디(Ceti,) 밤사(Vamsa, Vatsa), 쿠루(Kuru), 판찰라(Pancala), 맛차(Maccha), 수라세나(Surasena), 아사카(Assaka), 아반티(Avanti), 간다라(Gandhara), 캄보쟈(Kamboja) 등을 들수 있다.[2]

이들 국가들은 상호쟁패를 계속하여 기원전 6세기 말에는 마가다 고살라 등을 중심으로 하는 4국 시대[3]를 맞이하게 되었다. 4국 가운데 가

---

2) *Anguttara Nikaya* vol.1, p.192; 『중아함』 vol.3, pp.299-300(경번호 202).자타카 (*Jataka*)의 여러 곳에 언급되어 있는 국가의 이름을 종합하여 보면 본문에 언급되어 있는 나라 이외에도 Kekaka, Saketa, Kosambi, Kusavati, Videha, Dasannaka, Goyaniya, Assaka, Kalinga 등이 있었다.(中村元 『印度古代史 上』 p.243).

3) 4국시대의 주요 국가들에 대하여는 학자들마다 조금 차이를 보이고 있다. 타파는 카시, 코살라, 마가다, 브리지스를 들고 있고 <Thapar, *A History of India,*

장 먼저 본격적인 영토확장 정책을 추진한 것은 마가다였다. 라자그라하(Rajagaha, 왕사성)를 수도로 한 마가다의 빔비사라왕(Bimbisara, 재위: 기원전 545-494년경)은 코살라, 브리지연합국(Vrijis) 등과 혼인정책을 맺고, 동쪽 해안에 접해있던 앙가를 점령했다. 앙가국의 수도는 참파(Campa)강과 갠지스 강 사이에 위치한 참파였는데 이 도시는 붓다시대 6대 도시4)의 하나라고 할 정도로 번영했다. 참파의 상인들은 갠지스 강 연안의 도시들과 교역을 했을 뿐 아니라 해로를 통하여 남인도, 버마와의 교역을 확대했다. 이를 바탕으로 성장한 앙가는 인접의 마가다와 패권을 다투었으나 마가다의 빔비사라에 의해 멸망했다. 마가다는 앙가를 점령함으로써 벵골해(Sea of Bengal)로 향하는 해안을 차지하여 경제적 바탕을 굳건히 하게 되었다.

빔비사라는 주변의 강대국과 혼인관계로 외교적 안정을 꾀하고 한편으로 북진과 서진을 계속하여 영토를 확장했다. 빔비사라의 적절한 외교정책과 침략에 의한 정복정책으로 마가다는 최강국으로 부상하게 되었다. 빔비사라 다음으로 즉위한 아자타사트루(Ajatasatru, 재위: 기원전 494-462년경)는 부왕인 빔비사라를 투옥, 피살하고 왕위에 올랐으며, 빔비사라와 그 왕비가 죽자 혼인관계를 맺고 있던 코살라와 충돌하게 되었다. 빔비사라가 코살라의 공주를 왕비로 맞이하였을 때 결혼 지참금으로 카시(Kasi)의 한 촌락을 가지고 왔었는데 왕과 왕비가 아자타사트루로 인하여 죽었으므로 코살라는 이 땅의 반환을 요구하였고, 결

---

p.54> 샤르마는 아반티, 마가다, 코살라, 바트사, 브리지스를 중심으로 이 시기를 설명하고 있으며 <R. S. Sharma 저 이광수 번역, *Ancient History of India* (서울: 김영사, 1994, pp.151-154)> 조길태, 中村元 등의 학자들은 마가다, 코살라, 바트사, 아반티를 중심으로 기술하고 있다<조길태, 『인도사』, 민음사 1994, pp.78-9; 中村元, 『インド古代史 上』 pp.268-273>.

4) 붓다시대의 6대 도시는 Champa(앙가국의 수도), Rajagriha(마가다의 수도), Saketa(코살라의 도시), Kausambi(밤사국의 수도), Varanasi(카시국의 수도), Kusinara(말라 <Malla>의 수도) 등이다<Radhakrishna Chaudhary, *Economic History of Ancient India*(Patna: Janaki Prakashan, 1982), p.30>.

국 수차례에 걸친 전쟁을 치렀으나 두 나라는 다시 결혼 정책으로 일단 평화를 되찾았다. 아자타사트루 때 마가다는 브리지 연합을 붕괴시켰으며, 바트사를 정복하였던 아반티국이 마가다를 침공하였으나 커다란 위협이 되지는 않았다.

코살라는 수라바스티(Sravasti, 舍衛城)를 수도로 하여 현재의 동부 우타르 프라데쉬 지역을 차지하고 있었다. 마가다의 빔비사라왕 시대에서 아자타사트루왕 시기까지 코살라의 왕이었으며 붓다와 동시대인이라고 하는 프라세나짓(Prasenajit, 파사익) 때 융성하여 카시국을 정복했다. 마가다와는 아자타사트루 때 수차례에 걸친 전쟁을 치렀으나 이후 결혼정책으로 비교적 평화를 유지했다. 프라세나짓왕의 아들인 비두다바(Vidudabha, 비유리)왕은 붓다의 고향인 사캬(Sakya)국을 점령했다.

반도의 서남쪽에 위치하고 있었으며 우자인(Ujjayani)을 수도로 했던 아반티는 붓다시대에 파죠타왕(Pajjota)이 다스리고 있었다. 파죠타왕은 두려운 자(Canda), 혹은 대군을 가진 자(Mahasena) 등으로 불릴 정도로 강력한 군대를 가지고 있어서 마가다의 아자타사트루왕도 완전히 정복하지는 못했다. 아반티·코살라·마가다의 사이에 위치한 밤사 혹은 바트사라고 불리는 나라는 코삼비(Kosambi)를 수도로 하고 있었고, 붓다시대에는 우데나(Udena)왕이 다스리고 있었다고 하며 아반티에 병합되었다.

브리지는 동에는 앙가, 서에는 코살라, 남에는 마가다, 북에는 설산으로 둘러싸여 있는 지역에 위치하고 있었으며 공화제의 여러 종족들이 연합한 나라로 브리지 연합이라고 불린다. 공화제 종족 가운데 리챠비(Liccavi)족과 비데하(Videha)족이 가장 유력한 지위를 갖고 있었으며 통치의 중심은 리챠비족의 베살리(Vesali)성이었다. 이 브리지 연합은 단결이 잘되고 있는 나라였기 때문에 아자타사트루가 이들을 정복하기 위하여 붓다에게 의논했을 때 '브리지는 연합이 잘되고 옛 전통을 잘 지키고 있음으로 무력으로 정복할 수 없을 것'이라고 붓다는 말했으며, 결국 아자타사트루는 무력적 침공보다는 외교적 정책으로 전환하여 이들의 연합 상태를 와해시킴으로써 브리지를 정복하게 되었음이 불전에 나타나고 있다.[5] 마가다가 브리지 연합을 정복함으로써 마가다와 코살라의 팽팽한 균형관계가 무너지고 마가다의 우세가 드러나기 시작했다.

16국시대를 거쳐 4국시대로 진행되는 동안 가장 큰 세력을 형성했던 것은 마가다였다. 마가다는 빔비사라와 아자타사트루왕 시기에 비약적으로 성장하여 갠지스 평야의 지배권을 장악하게 되었는데, 마가다가 패권을 장악할 수 있었던 요인으로는 첫째, 철기 시대에 접어든 시기에 매우 유리한 위치에 있었다고 하는 것을 들 수 있다. 마가다 지역은 철광석이 풍부하여 철제무기로 무장하는 것이 다른 국가들에 비하여 손쉬웠다. 두 번째로는 수도인 라자그라하가 전략적으로 유리한 위치에 있었다는 것인데 5개의 산으로 둘러싸인 라자그라하는 대포와 같은 무기가 개발되지 않은 시대에는 점령할 수 없는 난공불락의 자연요새였다. 세 번째로는 마가다 지역의 기름진 충적토가 관개시설 없이도 풍부한 경작을 가능하게 하는 비옥한 지역이라는 점이다. 이 이외에도 말과 마차 이외에 코끼리를 전쟁에 사용하고 있다는 점도 마가다의 비약적인 영토확장을 가능하게 한 일 요인이 되었다. 이러한 것을 배경으로 마가다는 주변국들을 점령함으로써 최강국으로 성장했고, 아자타사트루 이후 시수나가왕조(Sisunaga, 기원전 430–기원전 362년경) 그리고 난다왕조(Nanda, 기원전 362년경–기원전 321년)로 이어지면서 주변의 아반티와 코살라 등을 완전히 병합하고 통일국가로의 면모를 갖추어 갔으며, 마가다 지역을 중심으로 한 마우리아 왕조가 챤드라굽타에 의해 건설됨으로써 통일제국이 형성되었다.

아리아인들이 인도에 정착한 이래 기원전 6세경에 이르는 시기는 정치적으로 도시국가가 성립되고 이어서 마가다 코살라 등을 중심으로

---

5) *Digha Nikaya* vol.Ⅱ, pp.78 이하 참고.

하는 강대국들에 의한 영토의 확장이 이루어짐으로써, 정치의 중심이
갠지스 중하류로 이동해 가는 시기였을 뿐 아니라 사상적으로도 많은
변화가 일어나 베다시대로부터 브라마나시대를 거쳐 우파니샤드 철학
시대를 맞이하게 되었다.

베다는6) 자연의 구성요소, 자연현상의 근원이 되는 힘들을 신격화한
다신교적인 성격을 갖고 있으며 리그베다 가운데 푸루샤(Purusa, 원인)
찬가는 신들이 푸루샤를 제물로써 제식을 거행하였을 때 푸루샤의 각
부분으로부터 브라만·크샤트리야·바이샤·수드 등 4개의 계층과 태
양·달·천계·지계가 생겨났다는7) 창조설을 바탕으로 카스트제의 사상
적 근거를 제공하고 있으며, 한편으로는 제사가 우주 창조의 중요한 수
단으로 나타남으로써 브라마나 시대의 제식만능주의를 잉태하고 있다.

리그베다 시대를 거쳐 브라마나 시대에 이르면 제사는 더욱 중시되
어 제사가 모든 사상과 행위의 중심이 됨으로써 제사의 만능화가 이루
어졌고, 제사와 의례의 복잡한 발달은 브라만 계층의 권위와 사회적
지위를 강화시켜, 우주의 질서를 유지하는 것은 신들이 아니라 올바른
제사 행위 그 자체이며, 제사가 우주적 질서를 유지하는 힘을 갖고 있
다고 생각하게 되었다. 그러므로 제사를 주관하는 브라만은 단순히 신
에게 봉사하는 사제자로서의 차원을 넘어서 제사를 통하여 신을 마음
대로 움직일 수 있는 절대적 힘을 가진 자라고 하는 인식이 생기고
'학식이 있고 베다에 정통한 브라만은 인간의 모순을 한 신'8)이라는
위치로까지 부상하게 되었다.

---

6) 베다 가운데 가장 오래된 『리그베다(Rig Veda)』찬가는 기원전 1300년경의 것으
로 추정되며 나머지 3개의 베다 즉 『야주르베다(Yajur Veda)』, 『사마베다(Sama
Veda)』, 『아타르바베다(Atharva Veda)』 등은 기원전 1000경부터 기원전 800년
경에 형성된 것으로 추정되고 있다. 베다의 성립 연대와 베다문헌에 관하여는
곽만연의 「Veda 성립에 대한 소론」, 『동국사상』 15집(서울: 동국대학교 불교대
학, 1982), pp.105-120을 참고.
7) *Rig veda* Ⅹ. 90.
8) *Satapatha Brahmana*, Ⅱ. 2.2.6(S. B. E vol.12, p.308).

이와 같이 제식만능주의와 브라만의 지식에 대한 독점[9] 현상이 브
라마나시대를 거치면서 심화되자 이에 대한 비판의 분위기가 형성되었
다. 일상적인 생활을 의례에 의존하게 하여 농업과 상업에서의 잉여를
비생산적인 의례행위로 소비하게 함으로써 잉여 축적을 불가능하게 했
고[10] 의례를 일삼아 부를 축적한 브라만들의 도덕적 타락과 퇴폐 현
상이 증가함으로써 브라만교에 대한 비판적 태도를 갖는 자들이 증가
하게 된 것이다. 또한 지나치게 의례를 강조함으로써 인간의 외면을
지배하고 있는 브라만들에 대한 비판으로 내면적 성찰을 중요시 하는
분위기가 형성되었는데 이것이 우파니샤드이다.(우파니샤드시대: 기원
전 8세기경부터 기원전 6세기경)

우파니샤드에서는 신에 대한 관심보다는 우주의 근원적 원리에 대한
관심이 높아졌으며 사색과 탐구를 통하여, 우주의 근본 원리이자 절대
자인 브라만(Brahman, 범)과 생명의 본체로서의 아트만(Atman, 我)이
동일하다고 하는 범아일여의 상태를 직관함으로써 해탈에 이르는 것을
목표로 하고 있다.

인도 사상의 근본을 이루고 있는 윤회사상과 업 사상도 우파니샤드
철학시대를 전후하여 그 형태를 갖추기 시작했다. 윤회라는 인간이 죽
은 후에 어떻게 되는가 하는 문제를 중심으로 형성된 사상인데 인간이
죽어서 화장되면 몇 단계를 거쳐 다시 인간으로 태어난다는 것이다.
이러한 윤회의 주체가 되는 것은 현세의 삶에서 이루어진 업이다. 우
파니샤드에서는 브라만과 아트만의 본질을 깨달아 범아일여의 진리를
직관하여 브라만과의 합일이 이루어지는 상태를 해탈이라고 보고 해탈
에 이르면 윤회에서 벗어나 자유로워질 수 있다고 하며, 인간이 추구

---

9) 제사와 의례가 모든 행위와 사상의 중심이 되었고 제사를 주관하는 계층이 브
   라만이었기 때문에 브라만은 제사에 필요한 찬가와 행위 지침서 등으로 구성
   된 지식을 독점하여 종교와 사상을 장악하게 되었다.
10) Romila Thapar 저 山崎元一 번역, 『國家の起源と傳承』(東京: 法政大學出版局,
   1986), p.46, 89, 153.

해야 할 궁극적인 목표가 바로 해탈이라고 보는 것이다. 이러한 우파
니샤드철학은 브라마나시대의 의례와 제사 등의 풍조를 벗어나서, 사
색과 명상으로 자아를 인식하고자 탐구하는 것이었다.

　베다의 사상은 신을 우주의 근본으로 보는 다신교적 성격을 갖고
있었으며, 브라마나시대에는 제사만능 사상이 발전하고 이를 바탕으로
브라만들이 절대적인 힘을 갖게 되었고, 한편으로는 세속적으로 타락
하게 되었다. 이에 대한 비판으로 형성된 우파니샤드 철학에서는 인간
의 본성과 사물의 궁극적 원리에 대한 탐구정신이 증가하게 되었다.
그러나 베다에서 브라마나를 거쳐 우파니샤드철학으로의 이러한 변화
는 브라만의 정통사상 내에서의 사상적 변화에 불과한 것이었다.

2. 불교 성립의 배경

　우파니샤드 말기에 이르면 인도사상에 새로운 변화가 일어나 신흥사
상이라고 하는 자유로운 사상들이 등장했다. 신흥사상이라고 하는 것
은 정통브라만 사상에서 벗어난 사상들을 통칭하는 것으로 불교 자이
나교 육사외도 등의 사상이 모두 이 신흥사상의 범주에 들 수 있다.

　신흥사상 가운데 육사외도로 불리는 사상들은 푸라나 카사파(Purana
Kasspa)의 도덕부정론, 파쿠다 카챠야나(Pakudha Kaccayana)의 칠요소
설, 막칼리 고살라(Makkhali Gosala)의 운명론 혹은 무인무연론, 아지
타 케사캄발린(Ajita Kesakambalin)의 유물론 혹은 쾌락지상주의, 산자
야 벨라티풋타(Sanjaya Belatthiputta)의 회의론, 니간타 나타풋타
(Nigantha Nataputta)의 원시 자이나교 등이다. 이들 육사외도의 사상들
은 브라만교의 종교사상과 베다의 권위를 불정하고 생명까지도 물질적
요소와 같은 구성요소로 생각하는 유물론 사상을 갖고 있다.[11]

---

11) 일체는 요소로 구성된 것이라고 보며, 영혼까지도 일개의 요소로 보고 있는 육

  기원전 6세기를 전후하여 형성된 신흥사상 가운데 원시자이나교와
더불어 정통브라만교의 흐름을 벗어난 종교를 형성한 불교는 고타마
싯달타(Gatama Siddhartta)가 왕자의 자리를 버리고 출가하여 성도함으
로써 형성되었다. 불교는 절대자의 존재·제사의 중요성·사성제 등을
부정하고 모든 인간들이 고타마붓다와 같이 깨달음에 이르면 붓다
(Buddha, 각자)가 될 수 있다는 사상을 갖고 있다. 불교의 계급론의 부
정은, 브라만 계층 중심의 사회가 변화되어 실제적인 세력을 형성하고
있는 왕족과 상인 계층이 성장하고 있는 것을 반영하고 있는 것으로
볼 수 있으며, 절대자의 존재와 제사를 부정하는 사상은 우파니샤드시
대의 외면적 의례의 부정과 내면적 성찰의 분위기 속에서 형성된 것이
라고 볼 수 있다. 불교는 절대자의 존재와 계급적 사상을 부정함으로
써 모든 인간의 해탈 가능성을 제시하고 있다. 또한 육사외도 사상에
나타나고 있는 극단적인 물질론이나 체념적인 운명론을 비판함으로써,
불교는 브라만교와 육사외도라고 하는 양극단을 지양하는 종합적인 사
상12)으로 형성되었다고 할 수 있다.

  육사외도와 불교 등의 신흥사상들은 기원전 6세기를 전후한 갠지스
중하류 시대의 왕권강화·상인계층의 성장·우파니샤드시대의 자유로
운 사색과 자아탐구라고 하는 정치·경제·사상적 변화를 배경으로 하
여 등장한 것이다. 붓다시대(기원전 6세기경)는 16국 시대에서 4국시대
로 이행되면서 전쟁이 확대되었고, 강대국들 가운데 마가다(Magadh

    사외도의 유물론적 사상에 대하여 검토하고 있는, 권오민의 「고대인도 요소론의
    일고찰」, 『동국사상』 15집(서울: 동국대학교 불교대학, 1982), pp.121-131 참고.
12) 木村泰賢은 『原始佛敎思想論』(東京: 明治書院, 1937), pp.72-73에서 불교사상
    의 특징에 대하여 다음과 같이 서술하고 있다. '불교의 독창적인 특색은 당시
    대의 가장 우수한 것을 종합하고자 한 데 있다. 즉 전통적인 사상으로부터든
    신흥사상으로부터든 그 정수를 발췌하여 무엇보다도 시대정신에 부응하면서
    바르게 이끌어 가려고 한 데 있다. 그러한 종합은 결코 단순히 이것저것을 수
    집한 데에 그치는 것이 아니라 양극단을 지양하는 종합이었다. 형식적인 브라
    만교를 정이라고 할 때 육사외도의 사상은 반이며 이 정과 반을 종합했던 것
    이 바로 붓다의 태도였다.'

a)·코살라(Kosala)·아반티(Avanti)·밤사(Vamsa, 혹은 Vatsa) 등에서는 왕권이 현저하게 신장되어 씨족의 대표 혹은 수장적 성격을 갖던 왕들이 점차 절대권을 행사하는 군주로 변화됨으로써, 브라만은 베다시대와 같은 지위를 갖지 못하게 되었다. 한편으로 갠지스 중하류로 정치의 중심이 옮겨온 이후 비옥한 토지를 바탕으로 농업생산이 꾸준히 증가했으며, 상공업과 화폐경제가 발달하여 상업 도시가 번창했다. 상업 도시의 발달은 국가의 중심을 농촌 경제에서 상업 중심의 도시로 옮겨오게 했고 부를 바탕으로 성장한 상인계층은 조합13)을 결성하여 도시 내의 경제적 실권을 장악하게 되었다. 씨족적 농촌사회에서 영향력을 발휘하던 브라만 지상주의와 계급론은 왕족인 크샤트리야와 상인 계층의 성장으로 도전을 받게 되었으며 브라만의 도덕적 타락으로 이러한 도전은 심화되었다. 또한 기존의 카스트질서에 대한 관념도 "노예라고 하더라도 재보·미곡·금은을 풍족하게 갖고 있다면 왕족·브라만·바이샤라도 그 노예보다 먼저 일어나고 늦게 자면서 스스로 노예의 일을 해주고 노예의 마음에 맞는 일을 하며 노예에게 기분 좋은 말을 할 것이다."14)라고 할 정도로 질적으로 변화되어 카스트제의 혼란시기를 맞이하게 되었다. 카스트제를 몇 단계로 나누어 본다면 베다시대말경부터 브라마나시대는 카스트의 성립시기라고 할 수 있고, 우파니샤드 말기로부터 수트라시대(기원전 6세기부터 기원전 2세기경까지)는 카스트의 기본질서에 대한 혼란기15)라고 할 수 있으며 마누법전의 편찬과

---

13) 도시에 거주하는 상업과 수공업에 종사하는 사람들은 스레니(Sreni, Seni) 혹은 푸가(Puga)라고 하는 집단을 조직하고 있다. 이 가운데 스레니는 명확하게 동업자 단체(gild)를 의미하는 것으로 나타난다(山崎元一, 『古代インド社會の研究』, p.176).

14) *Majima Nikaya* vol. Ⅱ, p.85.

15) 카스트제를 시대적으로 구분한다는 것은 매우 어려운 일이며 또한 지나친 도식화가 될 수 있기 때문에 논란의 여지가 많을 수 있으나 역사적 이해를 위한 도식화도 때로는 필요하다고 본다. 우파니샤드 말기에 왕권이 강화되고 상인계층 등의 경제세력이 형성되면서 브라만의 절대적 우위에 대한 이들 계층의 도전이 일어나, 크샤트리야의 지위가 향상되고 바이샤의 상층자들도 지배 계층과

힌두교의 성립(기원 전후한 시기)으로 카스트제가 재정비 되었다고 할
수 있을 것이다. 카스트제의 혼란기라고 할 수 있는 우파니샤드 말기
에 있어서도 브라만의 계급제에 대한 태도는 그다지 변화되지 않았다.
카스트제에 대한 관념의 변화와 신흥사상의 발달에 대한 브라만들의
대응은 오히려 계급적 한계를 강조하고 신분에 따른 의무를 강조하는
것16)이었다. 그러나 일반의 계급에 대한 인식은, 신분적으로 상위 계
층에 속하는 자들뿐 아니라 경제적으로 성장한 계층도 사회적 실력자
로 인정하여 '고귀한 가문(kullaputta)'으로 인정할 정도로, 변화되었다.
그래서 상업으로 부를 축적하고 이를 바탕으로 사회적 지위를 향상시
키려는 사람들도 적지 않았다.17)

부를 축적한 계층에 대한 사회적 인식의 변화는 물질만능의 사상을
낳고 물질적 풍요로 인한 도덕적 퇴폐 현상도 증가하게 되었다. 또한
실질적으로 경험할 수 없는 추상적인 세계에 대한 믿음도 약화되어 육
사외도와 같은 유물론적인 사상이 형성되었다. 다른 한편으로는 이러한
향락과 퇴폐에 대한 회의로 출가하여 유행생활을 하는 사람(sramana,
사문)들도 많아지게 됨으로써 베다시대 이래 형성되었던 브라만 사상의
틀을 벗어나는 사람들이 많아졌는데, 이들의 자유로운 사고가 새로운
신흥사상의 등장을 가능하게 했던 것이다.

그러므로 정치적으로는 도시국가 시대의 전쟁확대와 왕권 강화, 사
회 경제적으로는 상인 계층의 성장과 카스트 질서의 변화, 사상적으로
는 우파니샤드의 궁극적 진리 탐구와 육사외도의 등장 등을 배경으로
불교가 성립된 것이다.

같이 인식되는 현상을 바탕으로 한다면, 우파니샤드말기로부터 마누법전의 편
찬과 힌두교가 성립하는 수트라시대말기까지를 카스트제의 혼란기라고 보아도
무리가 없을 것으로 생각된다.
16) Romila Thapar, *Asoka and the Decline of the Mauryas*, pp.143 이하.
17) *Jataka vol.*1, pp.14 이하(경번호 4 「Cullaka-Setti Jataka」).

3. 업에 대한 불교적인 해석

불교사상은 삼법인, 사성제, 연기설, 팔정도 등을 중심으로 전개되었
는데 이러한 불교 교리는 당시 사상계의 중요 관심인 <일체의 존재 형
식>과 <현재의 삶에 대한 과거와 미래의 연관성>, 그리고 <인간이 추
구하는 최상의 종교적 목적을 어떠한 수행 방법으로 획득할 수 있는
가> 하는 문제에 대한 해결 방식을 제시하고 있는 것이다. 그런데 이러
한 불교의 여러 교리들은 업과 윤회에 대한 새로운 해석을 바탕으로 형
성된 것이라고 할 수 있기 때문에 불교사상의 특징을 이해하기 위해서
는 '불교에서는 업과 윤회를 어떻게 해석하고 있는가.' 하는 것을 검토
하는 것이 그 근본이 된다[18]고 보아도 좋을 것이다. 또한 불교가 계급
론과 운명론을 극복할 수 있었던 것은 기존 사상들이 갖고 있는 업과
윤회의 개념에 대한 새로운 해석을 제시함으로써 비롯된 것이라고도
볼 수 있다. 업과 윤회 가운데서도 그 기본이 되고 있는 것은 업이라고
할 수 있으며 윤회는 업을 어떻게 보는가에 따라 달라 질 수 있는 여지
를 갖고 있는 것이다. 따라서 본 절에서는 업에 대해 불교는 어떻게 해
석하고 있으며 기존의 업 사상들과는 어떠한 차이를 보이고 있는가 하
는 문제를 검토함으로써 불교사상의 특징을 살펴보고자 한다.

카스트제를 근간으로 현실의 차별화되어진 상황을 숙명적으로 받아
들이게 하는 데 일익을 담당했던 것이 바로 업론과 업의 결과로 나타
나는 윤회론[19]이라고 할 수 있다. 아리아 민족이 인도에 정착한 이래

---

18) 김동화, 『원시불교사상』(서울: 보련각, 1992), pp.246 이하 참고.
19) 불교의 윤회와 업설에 대하여는 학자들에 따라 다양한 견해가 제시되고 있는
  데 雲井昭善의 「輪廻と無我について」, 『印度學 佛教學 硏究』 2-2권; 金兒默存
  의 「原始佛教における 輪廻思想」, 『印度學 佛教學 硏究』 1-2권; 佐佐木現順의
  『業論の硏究』(東京: 法藏館, 1984); 和什哲郎의 『原始佛教の實踐哲學』 등의 연
  구서가 있으며 국내의 연구로는 박경준, 「불교 업설에서의 동기론과 결과론」,
  『불교학보』 29집(동국대학교 불교대학, 1992), pp.521-540; 한상련, 「불교역사철
  학」, 『동국사상』 2집, 동국대학교 불교대학, 1963), pp.42-51; 고익진, 「아함의

현대까지 인도 사상의 근간을 이루고 있는 주제가 업과 윤회인데, 업 사상이나 윤회 사상은 브라마나 시대를 거치면서 제사의식의 발달과 인간의 행위에 대한 인과율에 대한 믿음이 확고해진 시기에 형성된 것으로 보인다.[20]

업(karma)이라는 말은 작용, 기능, 행위 등을 뜻하는 말이며, 윤회라고 하는 것은 samsara의 한역으로 '변천한다, 흐른다'의 의미를 갖고 있다. 태어난 자는 수레의 바퀴와 같이 삶과 죽음을 반복하며, 현재의 삶은 과거의 업에 따라 결정되고, 현재의 업에 따라 내세가 결정된다. 그러므로 내세에 더 나은 삶의 형태로 태어나기 위해서는 현재의 업에 충실하여야 하며 그 결과에 따라 더 낮은 삶, 즉 더 높은 계층으로 태어날 수도 있고 더 미천한 세계에 태어날 수도 있다고 하는 것이 업과 윤회에 대한 일반적인 개념이다.

인도의 모든 사상들은 업과 윤회 사상을 바탕으로 하고 있지만 그에 대한 해석은 각기 다르다. 불교 경전에 의하면 붓다시대의 업에 대한 견해는 3종 혹은 5종으로 구별된다. 3종의 업론은 첫째, 숙명론적으로 업을 이해하는 것이며 둘째, 절대적 존재에 의하여 결정된다고 보는 것이고 셋째, 인(因)도 없고 연(緣)도 없다고 보는 무인무연론(無因無緣論)적인 업론 등이며[21], 5종의 업설은 숙작인설(宿作因說), 결합인설(結合因說), 계급인설(階級因說), 우연기회인설(偶然機會因說), 자재화작인설(自在化作因說)[22] 등이다. 절대적 존재에 의해 결정된다고

무아윤회설」, 『동국사상』 6집(동국대학교 불교대학, 1971), pp.79-85; 조용길, 「원시불교 윤리사상고」, 『동국사상』 15집(동국대학교 불교대학, 1982), pp.73-103 등이 있다.

20) 인도사상에 있어서 업설과 윤회설의 성립 시기는 우파니샤드시기라고 보는 것이 일반적이다(早島鏡正, 高岐直道 共著 『印度思想史』, pp.23-4; 水野弘元, 『原始佛敎』, p.53).

21) 이것을 보통 삼종 외도설이라고 하는데 그 내용은 『대정 신수대장경』, 「중아함부상」, p.425, 『중아함』 1권 p.50(경번호 13 도경), Anguttara Nikaya, vol.1, pp.157-158, p.173 등에 설명되어 있다.

22) 『중아함』 1권 pp.78 이하 「니건경」.

보는 업설(자재화작인설)은 브라만 업설로써 우주는 신에 의하여 창조된 것이며 인간의 운명은 최고신의 의지에 따라 결정된다고 보는 것이다. 숙명론적인 업설(숙작인설)에 따르면 현세의 운명은, 과거세의 업과 과보로부터 얻어지는 것이기 때문에, 태어날 때 이미 모든 것이 결정되어 있는 것이며 현세에서의 개인의 선행과 노력은 내세의 운명을 결정하는 원인은 되지만 현세의 운명을 변화시킬 수는 없다는 것이다. 무인무연론적 업설(우연기회인설)에서는 인간의 운명은 인과법칙에 의해 지배되는 것도 아니고 신의 의지에 따라 결정되는 것도 아니며, 인간의 길흉화복은 우연한 기회에 일어나는 것에 지나지 않는다고 보는 것이다. 결합인설은 요소설이라고도 하는데 인간의 삶은 지, 수, 화, 풍 등의 여러 가지 요소의 결합에 의해 이루어지고 그 결합 상태의 좋고 나쁨에 따라 인간의 운명이 결정된다고 하는 설이다. 계급인설은 인간은 태어날 때부터 계급이 구별되어 있어서 그 계급에 따라 인간의 모든 운명이 결정된다는 숙명론적인 업설의 일종이라고 할 수 있다.

위에 언급된 여러 업설에 나타나는 공통점은 현세의 삶에 작용하는 '인간의 의지'라는 것이 결여되어 있다는 것이다. 현세의 삶이 신의 의지에 의해 결정된다면 인간의 의지는 아무런 영향도 미칠 수 없을 것이며, 전생의 행위로 현세가 결정된다고 보면 역시 현세의 행위와 노력은 현세에 있어서는 아무런 의미도 갖지 못하는 것이다. 마찬가지로 우연한 기회에 인간의 의지, 행위와는 관계없이 삶이 결정된다면 인간의 '현세의 의지와 행위'가 갖는 의미는 존재하시 않게 된다. 그리므로 현세의 불평등한 사회의 변화나 개인의 운명을 변화시킬 수 있는 것은 신의 의지가 변화되거나 우연한 기회를 막연히 기다려야 할 것이며 또한 현세의 개혁은 포기하고 내세에 희망을 갖는다거나 할 수밖에 없는 것이다.

그러면 불교에서는 업에 대해 어떠한 해석을 하고 있는가. 불교에서는 업을 전생의 결과로 이해하기는 하지만 현재에 나타나는 결과는 하나의 원인이 하나의 결과를 낳는 일인일과(一因一果)가 아니라 여러

원인이 여러 결과를 낳는 다인다과(多因多果)로 이해하고 있다는 것이
다. 물론 업에 대한 불교의 이해가 기존의 업에 대한 관념인 인과론을
벗어나지 못하고 있는 것은 사실이지만 불교의 다인다과적인 업설에서
는 업의 인과성과 함께 윤리성을 강조하고 있다.23) 인간의 삶의 현장
인 세간이라는 것은 단순한 인과의 법으로는 설명할 수 없는 다양한
요소들로 가득 차 있는 것이고 이러한 요소들은 인간의 감정이 가미되
어진 윤리적 측면을 갖고 있다고 하는 것이다.

   뿐만 아니라 불교에서는 '업이라고 하는 것은 의지적 행위다. 즉
신·구·의에 의한 의지적 행위가 업이다.'24)라고 하여 단순한 행위 그
자체를 업으로 보지 않고 개인의 의지적 작용이 가미되어진 행위를 업이라
고 보고 있다. 전생에 행하여진 행위 그 자체가 현재의 삶을 결정짓는
것이 아니라 전생의 행위가 업이라고 하는 형태로 현재의 삶에 영향을
미치고 있기는 하지만 현세의 삶에 있어서는 그 업과 더불어 현재의
의지적 행위가 함께 작용하는 것으로 보아야 한다는 것이다. 이러한
개인의 의지와 생각이 중요한 작용을 한다고 보고 있음이 잘 나타나고
있는 경전이 있다.

   붓다가 콜리얀(Koilyan)마을에 있을 때 고행자인 푸나(Punna, 소와 같
   은 행동을 함으로써 수행을 하는 고행자)와 세니야(Seniya, 개와같은 행
   동을 함으로써 수행을 하는 고행자)가 붓다에게 찾아와 그들이 내세에
   어떻게 태어날 것인가를 물었다. 이에 붓다는 "어떤 사람이 개와 같은
   수행을 계속한다면 그는 개의 습관, 행위, 사고를 갖게 된다. 그러한 사
   람은 죽은 후에 개와 동료가 될 것이다. 소와 같은 수행을 한 자도 이와
   같다. 그러므로 개나 소와 같은 행위와 사고로 수행을 하여 신의 세계에
   태어난다고 한다면 잘못된 생각이다."라고 하였다.25)

---

23) 佐佐木現順, 『業論の研究』, p.41.
24) *Anguttara Nikaya vol.*3, p.294.
25) *Majima Nikaya* vol.2, pp.54-55.

붓다가 설명하고 있는 업이나 내세의 과보라고 하는 것은 다른 사람에 의하여 주어지거나 결정되는 것이 아니라 자신의 선택적인 의지에 의한 것임으로, 개와 소 등과 같은 행위를 하는 자는 그와 같은 과보를 받고 신의 마음을 갖고 행동하는 자는 신의 과보를 받는 것인데 그 선택은 '개인의 의지'에 달린 것이라고 보는 것이다. 그래서 붓다는 '현재의 삶이라고 하는 것은 개개인의 의지로 지어지는 것이며 그 자신이 지은 업의 열매 또한 자신이 거둔다.'[26]고 하였던 것이다. 자신이 지은 업을 자신이 거둔다고 하는 말은 자칫 '자신이 과거에 지은 인연을 현재의 과로 받는다'고 하는 숙명론과 혼돈될 가능성도 있으나 불교와 숙명론적인 업설의 차이는 숙명론적인 업설이 과거의 하나의 연이 현세에서 하나의 필연적 과를 낳는 것으로 본다면, 불교의 업설에서는 과거에 지은 자신의 행위가 현재의 과를 낳는 것은 사실이나 필연적으로 하나의 과를 낳는 것이 아니고, 여러 연이 복합되어지고 거기에 현재의 의지 작용이 합하여져서 과를 낳게 되는 것이므로, 인과의 주체자는 과거와 현재라는 시간의 흐름이 아니고 어디까지나 자신의 의지라고 보는 데에 근본적인 차이가 있는 것이다. 그러므로 붓다는 절대론적인 업설이나 숙명론적인 업설을 비판하여'인간의 현재의 삶이 과거의 업에 의한 결과라고 보거나 절대자의 결정에 따른 것이거나 우연히 그렇게 되어져서 개개의 인간이 자신의 의지로 어찌할 수 없는 것이라면 인간이 어떠한 일은 행하여야 하고 어떠한 일은 행하여서는 안 된다는 기준도, 성취에 대한 노력의 의미도 없어지고 말 것이다.'[27]라고 하여 이들의 견해가 잘못되어 있음을 지적하였던 것이다.

　브라만교와 육사외도들의 업 사상에서는 절대자의 의지 혹은 전생의 행위 그 자체가 현재의 개인에 의하여 변화될 수 있는 여지가 없기 때문에 현세의 어떠한 상황도 개인으로서는 변화시킬 수 없다는 체념의 원리를 갖고 있다. 개인의 현생의 삶이라고 하는 것은 전생에서 지

26) *Theragatha* 144(早島鏡正. 高崎直道 共著, 『印度思想史』, p.39에서 재인용).
27) 『중아함』 1권, p.50; *Anguttara Nikaya vol.*1, pp.157-158, p.173.

은 업의 결과이고 그 업을 바탕으로 윤회되어진 것이기 때문에, 개개의 인간은 현실세계의 모든 차별적 현상을 받아들이고 감수할 수밖에 없다고 하는 것이다. 그러나 불교에서는 전생과 현세 그리고 내세로 이어지는 업과 윤회를 인정하고 있지만 현세의 삶을 결정하는 가장 중요한 요인은 개인의 의지이라고 봄으로써, 현실세계에 대한 변화와 개혁의 가능성을 제시했다. 또한 변화와 개혁의 주체도 인간 자신이라고 봄으로써 삶의 주체를 인간으로 보게 하는 전기를 마련하였는데 이것이 바로 불교사상의 특징이라고 할 수 있다.

4. 평등사상의 성립

앞 절에서는 업에 대한 새로운 불교적 해석으로 개인의 의지적 작용이 중시되고 이러한 것을 바탕으로 계급적 사상이 극복될 수 있는 가능성이 형성되었음을 살펴보았다. 본 절에서는 붓다의 교설 가운데 계급론이 어떻게 극복되고 있는가 하는 것을 살펴보고자 한다.

붓다는 보리수 아래서 깨달음을 얻은 이후 많은 곳에서 많은 사람들에게 깨달음에 관한 가르침을 폈다. 주지하다시피 그의 가르침의 내용들은 여러 가지 불교적인 교리로써 정리되고 그의 가르침의 내용에 관한 분석이나 사상적 연구도 많이 이루어졌다. 본 절에서 필자가 붓다의 가르침이라고 언급하고 있는 것은 붓다의 가르침의 내용 가운데 당시의 지배적인 사상인 계급론을 극복하고 있다고 보여지는 경전에 한정된 것이다. 본 절에서는 원시불교 경전이라고 대체로 인정되고 있으며 붓다의 직접적인 교설이라고 보아도 별 무리가 없다고 보여지는 아함경을 주요 사료로하고 자타카(Jataka)와 사분율[28] 등을 참고로 하

---

28) 『사분율』은 불교출가자들이 지켜야 할 계율을 담고 있는 것으로써 한역되어진 시기는 기원후 3세기경이다.

여 초기의 불교가 계급론에 대하여 어떠한 태도를 갖고 있는가 하는
것을 살펴보기로 하겠다. 불교의 계급론에 대한 태도를 살펴볼 수 있
는 경전이 잡아함경의 전타라경이다.

> 종성 그 자체로써 전타라[29]인 것이 아니고,
> 종성 그 자체로써 브라만인 것이 아니며
> 업에 의하여 천민이 되고 업에 의하여 브라만이 되는 것이다.[30]

> 출생에 의하여 브라만이 되는 것이 아니며,
> 출생에 의하여 비브라만이 되는 것이 아니다.
> 행위에 의하여 브라만이 되고 행위에 의하여 비브라만이 된다.
> 하는 일에 따라 농부, 직인, 상인이 되고 하인이 된다.[31]

이 경에 나타나고 있는 붓다의 사상은 첫째, 현재의 신분적 차별이
출생에서 비롯된 것이 아니라 그 개인의 업에 의한 것임을 설명하고
있는 것이다. 이것은 브라만교에서 계급적 구별을 출생에 의하여 형성
된 종성(varna)을 기준으로 하고 있는 것과 차이를 보이고 있는 표현이
다. 둘째로 이 경전에서 볼 수 있는 것은 업에 대한 시간적 개념을 달
리하고 있다는 것이다. 업에 의하여 천민이 되고 업에 의하여 브라만
이 된다는 것은 앞의 종성에 의하여 천민이나 브라만이 되지 않는다는
구절과 상호 모순된 듯이 보인다. 기존의 업설을 바탕으로 하여 본다
면 위의 두 구절과 세 번째 구절은 모순으로 보일 수 있다. 기존의 사
상들은 종성 그 자체가 과거의 업에 의하여 결정되어 지는 것임으로
업에 의하여 천민이나 브라만이 되고 마찬가지로 종성에 의하여 천민

---

29) 전타라라고 하는 것은 사성에 속하지 않는 최하위 계층이라고 하는 챤드라(Chandra)
    의 한역음이다. 영어본 숫타니파타에는 outcaste라고 번역되어 있다.
30) *Sutta Nipata* 1.7, 「Vasalasutta」(S. B. E vol.10, p.23); 『잡아함』 1권, p.114(경번
    호 102)에는 「영군특경」으로 되어 있고 『대정 신수대장경』 잡아함 권 4, 15게
    에는 「전타라경」으로 되어 있다.
31) *Sutta Nipata* 3.9 「Vasetthasutta」(S. B. E. vol.10, p.116).

이나 브라만이 되는 것으로 보기 때문이다. 그러나 붓다가 여기서 종성으로 계급이 형성되는 것이 아니고 업에 의하여 이루어진다고 보는 것은, 업이 시간적으로 과거에 이루어져 현재에 나타나며 현재에 이루어져 다음 생에 나타나는 것이 아니라, 현재의 업이 의지적으로 작용하여 현재의 과를 맺는 것으로 이해하고 있기 때문인 것이다. 즉 이 경에서는 현세에서의 행위가 내세에서의 과를 만든다고 보는 것과 더불어 현세에서의 행위는 현세에서도 나타날 수 있다고 봄으로써 현세에서의 '개인의 의지적 행위'를 중시하고 현세에서의 출생으로 인한 계급적 차별을 극복할 수 있는 힘이 개인의 의지적 행위에 있음을 강조하고 있는 것이다.

그러나 이 경전이 평등론을 제시하는 경이라고 이해하는 데는 좀 미흡한 감이 없지 않다. 왜냐하면 출생에 의하여 거의 숙명적으로 이루어진 계급사회의 개념과 그에 대한 체념으로 일관되어져 있는 기존의 사상들과 비교할 때 우선 현세에서의 개인의 의지적 행위의 가능성을 제시하여 신분적으로 하층에 속하는 자들이 개인의 노력으로 덕을 쌓는 행위(업)로써 최상층에 속하는 브라만이 될 수도 있고, 최상층에 속하는 브라만이라 하더라도 덕을 행하지 않고 악업에 사로잡히면 최하층인 천민이 될 수 있다는 입장을 취하고는 있지만, 계급적 구별이 존재하지 않는 평등의 이념이 나타나고 있지는 않다는 것이다. 마스타니 후미오(增谷文雄)는 이 경이 적극적으로 계급론을 극복하고 있는 경전은 아니라고 하는 의견을 보이고 있다. "이 경은 누가 보아도 분명히 종성제도에 대한 반대 의견을 내포하고 있으나 사회조직으로서의 종성제도 그 자체에 대한 직접적인 언급이 아니라 오히려 일체의 인간은 완전한 인간 곧 부처가 될 힘을 가졌음을 강조한 말에 지나지 않는다"[32]고 하여

---

32) 增谷文雄 著 목정배 번역, 『佛陀時代』(서울: 경서원, 1984), p.184. 그 외에도 평등론은 정신세계에 한정시키고 세속의 불평등한 계급사회에 무관심했다고 보는 학자로는 Oldenberg(*Buddha*, 木村泰賢 日譯, 1928, pp.225-226.)가 있는데 그는 '세속인을 위해 가혹한 규정을 철폐하거나 완화하려는 노력이 보이지

이 경이 사회제도적인 계급제를 극복 할 수 있는 적극적 자세를 보이고 있지 않다는 것을 강조하고 이 경에 나타나는 붓다의 태도는 "세속세계에 대한 열정은 결여되어 있고 출리초속의 세계에 집중된 것"이라고 주장하고 있는 것이다. 그러나 필자는 이 경전에서 보이고 있는 것만으로 붓다의 사상이 계급을 극복할 수 있는 적극적인 면을 결여하고 있다고 단언할 수는 없다고 본다. 사회적으로 불평등한 계급적 차별이 출생에 의한 것이라는 사상들을 극복할 수 있는 '현세의 행위와 그 결과로서의 업이 새로운 신분을 가능하게 한다'는 사상이 전타라경에 나타나고 있는 것과 아울러 '모든 계층의 평등'이라는 개념을 드러낸 경전도 있기 때문이다. 중아함의 울수가라경과 아섭화경은 붓다가 브라만 계층인 울수가라(Esukari)와 아섭화(Assalayana)에게 사성의 구별에 대하여 설명하고 있는 경전이다. 울수가라와 아섭화가 붓다에게 "브라만은 브라마의 입에서 나왔고 범천(Brahma)의 아들로서 가장 청정하여 사성 가운데 가장 뛰어나며 다른 종성들은 그렇지 못하다"고 하며 붓다의 견해를 묻자 붓다는 다음과 같은 질문으로 사성이 모두 평등함을 설명하였다.

혹 어떤 브라만이 허공에 붙지도 않고 묶이지도 않고 부딪히지도 않으며 걸리지도 않는다면 크샤트리야, 거사, 수드라는 어떠한가. 또 어떤 브라만이 사랑하는 마음과 맺음도 없고 미움도 없으며 성 냄도 없고 다툼도 없다면 크샤트리야, 거사, 수드라는 그렇지 아니한가. 또 백가지 사람이 비누를 가지고 물에 가서 때를 씻어 깨끗이 할 때 브라만과 크샤트리야만이 비누로써 깨끗이 할 수 있고 거사와 수드라는 그렇지 않다고 할 수 있는가. 또 잘 마른 나무에 불을 붙일 때 그 불빛은 모두 광명의

않는다.'고 보고 있다. 宮本正尊은 『大乘佛敎の成立史硏究』(東京: 三省堂, 1956), pp.43-45에서 브라만적인 계급사상을 붓다가 극복하고 있다고 보고 있으나 수드라까지 평등의 범주에 포함시키고 있는가 하는 것에는 부정적인 입장을 취하고 있다. 이러한 학자들을 제외하고 Varma <Early Buddhism and its origin(New Delhi: Munshiram Manoharlal, 1973), p.355>, 中村元 <『原始佛敎의 生活倫理』(東京: 春秋社, 1978), p.433>을 비롯한 대부분의 학자들은 붓다가 계급질서에 의한 사회를 부정하고 있는 것으로 보고 있다.

구실을 할 수 있는가.[33]

위의 경전은 붓다가 사성이 모두 평등함을 설하고 있는 경전인데 인간이 특별한 능력을 지니는데, 즉 허공에 붙지도 묶이지도 않고 부딪히지도 않으며 걸리지도 않을 수 있다면 이것은 브라만뿐 아니라 모두에게 가능한 것이고, 사랑의 마음을 갖는 것과 같은 정신적 심리적 현상에서도 마찬가지로 인간은 모두 같으며, 비누로 때를 씻는 경우와 같은 육체적 현상에 있어서도 브라만만이 고귀한 계급이기 때문에 깨끗해 질 수 있고 다른 계층의 인간들은 비누로 몸을 씻어도 깨끗해지지 않는 것이 아니라 비누라는 유형적 물체에 대하여 인간은 모두 똑같은 취급을 받게 되는데, 어떻게 인간이 정신적 육체적으로 신분에 따른 불평등한 취급을 받아야 하는 것인가 하는 설명을 하고 있는 것이다. 이와 같이 붓다는 인간이 과거의 업에 묶여 현세의 불평등한 계급사회를 인정한다든지 정신적 심적인 능력과 육체적 현상에서의 불평등을 인정해서는 안 된다고 설하고 있는 것이다.

붓다의 이러한 사성의 평등성에 관한 사상은 아함경의 곳곳에서 각각의 경우에 따라 적절한 예로써 설명되어지고 있다. 마투라경에는 존자 마하카차야나(Maha Kaccana)와 마투라왕(Madhura)의 대화를 싣고 있는데 그 내용을 요약하면 다음과 같다.

마투라왕이 "브라만은 스스로 우리는 제1이요 다른 사람은 비열 하며 우리는 희고 다른 사람은 검다. 브라만은 청정하고 브라만이 아닌 사람은 그렇지 않다. -생략-고 합니다. 존자의 뜻은 어떠합니까?" 하고 물으니 이에 대하여 마하카차야나는 "당신은 브라만 출신 왕인데 당신 나라에 있는 브라만, 크샤트리야, 거사, 수드라 네 종류의 사람을 모두 불러와 당신을

33) 『중아함』 2권, p.370(경번호 150, 「울수가라경」), *Majima nikaya* vol. II, p.366(경번호 96, 「Esukarisutta」), 『중아함』 2권, p.371(경번호 151, 「아섭화경」), *Majima nikaya* vol. II, p.340(경번호 93, 「Assalayanasutta」).

재물과 힘으로 모시게 하거나 먼저 일어나고 뒤에 자게 시키거나 그 밖의 여러 가지 심부름을 시킬 때 뜻대로 되겠습니까." 하고 물으니 그렇다고 대답하였다. "그렇다면 찰제리(Kshatriya)가 왕이 되거나 거사(gaha-pati)가 왕이 되거나 수드라가 왕이 되었을 때 그 나라의 사성계급을 모두 불러와 재물과 힘으로 모시게 하거나 먼저 일어나고 늦게 자게 하거나 그 밖의 여러 가지 심부름을 시킬 때 뜻대로 되겠습니까." 하고 물으니 그렇다고 대답한다. "그렇다면 대왕이여 사성은 이렇듯 평등한데 무슨 차별이 있겠습니까? 사종의 성은 모두 평등하여 낮고 못함이 없는 것입니다." 라고 대답하였다.34)

위의 마투라 경전은 마투라왕과 마하카차야나의 대화이지만 이 마두라경 역시 원시 경전에 속하는 잡아함에 속하여 있기 때문에 붓다의 사상이 마하카차야나존자를 통하여 나타나고 있다고 보아야 할 것이다. 이 경전에서는 현재의 직무에 따라 그의 역할과 지위가 정해지는 것이지 출신의 불평등에 기인하여 인간의 존재가 차별화되는 것이 아님을 말하고 있다. 즉 왕을 존중하고 그에 복종하는 것은 브라만, 크샤트리야, 거사, 수드라라는 왕의 계급 때문이 아니라 그가 맡고 있는 왕이라는 직위 때문인 것임으로 세간의 브라만 지상주의나 계급론은 무의미하다는 것을 말하고 있는 것이다. 위에서 살펴본 경전 외에도 붓다가 사성은 모두 평등하다는 것을 설하고 있는 경전이 상당히 많은데35) 여기서 다 열거하여 의미를 살펴볼 필요는 없을 것으로 본다.

---

34) 『잡아함』 2권, p.68(경번호 548, 「마투라경」); *Majima nikaya* vol. Ⅱ, p.273(경번호 84, 「Madhurasutta」). 한문과 한글경에는 마투라왕이라고 되어 있는데 *Nikaya*에는 Madhura국의 Avantiputta왕이라고 되어 있다. Avantiputta라고 하는 것은 Avanti국 왕녀의 아들을 의미하는 것으로 Avanti의 왕녀가 Madhura왕과 결혼하여 낳은 왕자가 마투라왕이 된 것임으로, 마투라왕이라고 하는 것과 아반티푸타왕은 같은 왕이다.

35) 『잡아함』 2권, p.130(경번호, 「급고독생천경」), 『장아함』, p.393(경번호 27, 「사문과경」), *Jataka vol.* Ⅳ, p.235(경번호 497, 「Matanga Jataka」) 등의 많은 곳에서 사성의 평등을 설명하고 있다.

불교에서는 교리적으로 업과 윤회에 대한 새로운 해석으로 평등론의 가능성을 제시하였고, 현실 세계에서 질문자의 신분과 환경에 따라 적절한 예를 들어 출생에 의한 계급적 구별이 무의미한 것임을 설명함으로써, 계급론을 부정하고 인간이 모두 평등한 것임을 주장하는 붓다의 평등사상이 원시경전에 분명히 드러나고 있는 것이라고 필자는 생각한다.

5. 불교 교단과 평등론

앞 절에서는 원시경전에 나타나고 있는 붓다의 평등사상에 대하여 살펴보았다. 본 절에서는 붓다의 가르침을 실천하는 수행집단에서의 계급제에 대한 태도는 어떠했는가를 살펴보기로 하겠다. 불교 교단에 출가한 수행자들이 세속에서 가지고 있던 계급에 대하여 붓다가 어떻게 받아들이고 있는가 하는 것이 잘 나타나고 있는 경전이 『중아함』의 아수라경이다.

> 비구들이여, 강가(Ganga)·야무나(Yamuna)·아치라봐티(Aciravati)·사라브(Sarabhu)·마히(Mahi) 등과 같은 큰 강의 물이 대해로 들어 갈 때에는 그 본래의 이름을 잃고 단지 대해의 이름만으로 알려지는 것처럼, 크샤트리야 브라만 바이샤 수드라의 사성에 속하는 사람들도 그 집을 버리고 여래가 가르치는 법과 율에 따라 출가생활에 들어갈 때는 본래의 성과 이름을 잃고 다만 석자 사문의 무리로서 알려지게 된다.[36]

이 경전에서 붓다가 말한 바의 요지는 현실사회에서의 계급이 무엇이었던가 하는 것은 붓다에게 귀의하여 수행생활을 하는 사람들에게는 그렇게 중요한 것이 못된다는 것이다. 그 예로써 강물들이 제각기 이름을 가지고 있었으나 바다에 흘러들면 바다의 이름으로 불리는 것과

---

36) 『중아함』 1권, p.192(경번호 35, 「아수라경」); *Angutaara Nikaya* vol.Ⅳ, p.136 (경번호 Ⅷ.19 「Paharada Sutta」).

같이 붓다에 귀의한 자는 세속에서 그의 계급이 무엇이었던가 하는 것은 아무런 의미도 갖지 못한다는 것이다. 즉 세속에서 브라만, 크샤트리야, 바이샤, 수드라였더라도 붓다에게 귀의한 자는 모두 사문이라 불리며 그의 출신이나 이름으로 불리지 않는다는 것이다. 이와 같이 있어서 붓다에게 귀의한 자들에게는 사회적인 신분에 따른 차별적인 구분은 없었던 것으로 볼 수 있다. 『증일아함』에는 불교 교단에 출가한 수행자들의 상호관계를 알아볼 수 있는 경이 있다.

"나는 당부한다. 지금부터 비구들은 서로를 그대라고 부르지 말라. 나이 많은 이는 거룩한 이(존자)라 부르고 나이 적은 이는 어진 이(현자)라 불러 서로 형제같이 대우하라. 또 지금부터는 부모가 지은 이름은 일컫지 마라."하고 붓다가 설하자 이에 아난다는 붓다에게 "비구들을 어떻게 불러야 합니까." 하고 물었다. 붓다는 "젊은 비구는 늙은 비구를 장로라 일컫고 늙은 비구는 젊은 비구에 대하여 그 이름을 불러라. 또 비구들이 제 이름을 지으려면 불·법·승을 의지해야 한다."라고 훈계했다.37)

위의 경전에서 붓다가 아난다에게 훈계한 것은 붓다에게 귀의하여 수행생활을 하고 있는 사람은 누구나 형제와 같으며 서로 세속의 계급

---

37) 『증일아함』 2권, p.227(권37 팔난품 ②); *Digha Nikaya vol. II*, p.171('Mahaparinibhana suttanta'). 이 경전의 해석에 대하여 中村元은 『原始佛教의 生活倫理』, p.439에서 '최초기 불교에 있어서는 붓다는 교단의 사람들에 대하여 형제의식을 갖고 정중한 말을 사용했다. 브라만교 등에서는 <來い>(오라·命令形)라는 말을 사용할 때 상대에 따라 다르게 사용했다. 제식 때 공물을 바치는 사람은 브라만에 대하여는 <いらっしゃい, 오십시오(ehi)>라고 하며 왕족에 대하여는 <走って 來なさい, 달려오시오(adrava)>라고 하며 바이샤에 대하여는 <來なさい 오시오 (agaccha)> 수드라에 대하여는 <急いで來い, 급히 오라(adhava)>라고 했다. 그런데 불교에서는 <修行者よ, いらっしゃい(ehi bhikkhu)>라고 하여 브라만 개념의 최상의 경어를 사용하고 있다. 만인은 평등하여 스승도 신참자도 모두 형제인 것이었다.'라고 하여 평등성이 보임을 강조하고 있다. 水野弘元은 『原始佛教』, pp.242 이하에서 붓다 설법의 언어에 대하여 언급하고 불교는 그 언어의 사용에 있어서도 평등적인 성격을 갖고 있다고 했다.

에 따라 대우를 받는 것이 아니라 나이에 따라 서로의 위치가 결정되는 '형과 아우'와 같이 서로를 존중해야 한다는 것이었다.

지금까지 살펴본 『중아함』의 아수라경과 『증일아함』 팔난품의 내용을 근거로 하여 볼 때 적어도 붓다에 귀의한 수행자들은 세속적인 계급에 상관없이 수행생활을 했다고 볼 수 있다. 그러나 불교의 출가자들이 계급론에 구애되지 않고 수행생활을 했다고 하더라도 출가수행의 기회가 모든 계층에게 개방되어 있지 않다면 수행자 집단 내에서의 계급론 극복은 아무런 의미도 가질 수 없을 것이다. 그러므로 불교 교단 내의 수행생활의 평등성을 논하기 위해서는 출가수행의 기회가 모든 계층에게 주어졌는가 하는 것이 검토되어져야 할 것이다.

브라만교의 경우 우파니샤드의 시기에 이르면 부인과 노예들까지도 스승과의 대화에 참여하게 되었다[38]고는 하지만 이것은 예외적인 경우이고 『마누법전』과 『고타마 다르마수트라』, 『바시스타 다르마수트라』 등에는 '수드라가 베다를 듣거나 암송하면 귀를 밀납으로 막아 귀를 멀게 하고 혀를 잘라 말을 못하게 하는 처벌을 받는 것'[39]으로 기록되어 있기 때문에, 베다의 암송이나 학습 등의 종교 수행에 하층 인간들의 참여를 허용하지 않고 있음을 보이고 있다. 그렇다면 불교 교단은 어떠하였는가. 「울다라가 자타카」에서는 상층의 계층만이 종교적 수행이 가

---

38) 길희성, 『인도철학사』(서울: 민음사, 1984), pp.38 이하. *Chandogaya Upanishad* IV. 4.1-5(S. B. E. vol.1, pp.60-61)에는 노예 여자의 아들에게 입문식이 허용된 예가 보인다. 그러나 中村元은 『原始佛教の生活倫理』, p.435에서 '우파니샤드의 일부 철인들이 설했던 인간 평등관은 어디까지나 비설이었고 들을 자격이 있는 자에게만 설해졌으나 불교의 인간 평등관은 어떠한 사람들에 대하여도 분명히 설하여지고 있다. 이것은 비교적인 취급으로부터 공개적인 것으로의 전환이다. 또 우파니샤드의 예외적인 문구에서는 브라만의 형이상학에 근거하여 계급부인론이 서술되고 있으나 불교에서는 형이상학에 의지하지 않고 오히려 구체적 경험에 비추어 의론을 서술하고 있다.'고 하는 입장을 취하고 있다.

39) *Vasistha Dharmasutra* XVIII, 12-13(S. B. E. vol.14, p.95); *Gautama Dharmasutra* XII, 4. 5. 6(S. B. E. vol.2, p.239); *Law of Manu* IV, 99.(S. B. E. vol.25, p.144).

능하고 그 수행의 결과라고 할 수 있는 해탈에 이를 수 있는 것이 아니라 모든 계층의 사람들이 해탈에 이를 수 있다고 설명하고 있다.

> 크샤트리아(ksyatriya), 브라만(Brahman), 바이샤(Vaisha), 수드라(Su-dra), 찬드라(Chandra), 푸쿠사(Pukkusa)는 모두 유화하고 절제가 있으면 그들은 모두 열반을 얻을 수 있다. 그 모든 열반을 얻은 자 중에는 낮고 못함이 없다.[40]

이와 같이 네 개의 카스트 속하는 자들뿐 아니라 사회의 최하층인 챤드라까지도 해탈과 열반의 기회를 가질 수 있다고 함으로써 누구에게나 종교수행의 기회를 개방하고 있는 것이 불교적인 입장이라고 할 수 있다. 그러나 이러한 출가의 개방이라고 하는 입장은 이상론적일 수 있기 때문에 실제로 얼마나 하층의 사람들이 불교에 귀의했고 불교적 수행생활을 할 수 있었는가 하는 것은 별개의 문제일 수 있다. 그러므로 이러한 이념이 실제로 실현되고 있었는가[41] 하는 문제를 검토하기 위해서는 불교 교단에 과연 얼마만큼의 하층계층이 출가하여 수행생활을 하고 있었는가 하는 것을 살펴볼 필요가 있을 것이다. 붓다 제자들의 신분에 관하여 연구한 아카누마 지젠(赤沼智善)에 따르면 붓다의 제자로서 성명이 밝혀지고 있는 자는 1160명인데 출가자인 비구, 비구니 그리고 재가신자인 우바새, 우바이 등의 사중을 합하여 브라만 출신자가 219명, 크샤트리야 출신이 160명, 바이샤 출신자가 155명, 수드라 출신자가 30명이며 출신이 밝혀지지 않은 자가 628명[42]이라고

---

40) 『본생경』 3권 p.517(경번호 487, 「울다라가 자타카」), *Jataka vol.*Ⅳ, p.191(경번 487, 「Uddalaka-Jataka」).
41) 中村元은 『原始佛敎の生活倫理』, p.441에서 '불교가 주장했던 사회사상이 적어도 교단에 관한한 실제로 실현되고 있다. -종교적인 의미에 있어서의 평등론적인 색채가 짙다. -불교가 늘 사성평등을 주장해도 인도 사회의 근본적인 개혁을 할 수 없었던 이유의 하나가 여기에 있다고 생각한다.'고 하여 교단에서는 평등사상이 실현되고 있었던 것으로 본다.
42) 赤沼智善, 『原始佛敎之硏究』(名古屋: 破塵閣書房, 1939), p.392.

한다. 아카누마 지젠은 이러한 제자들의 숫자를 비교하여 다른 상층
출신자에 비하여 수드라 출신자가 상대적으로 적다고 논하고 있다. 그
러나 필자는 브라만이나 크샤트리야의 출신자에 비하여 상대적으로 수
드라 출신이 수적으로 적다는 의미로 위의 통계를 이해하기보다는 그
만큼 불교 교단이 수드라나 바이샤 계층에 개방되어 있다는 사실을 중
시해야 한다고 본다.43) 물론 수적으로 비교하자면 상대적으로 상위 계
층보다 적은 것은 사실이지만, 브라만교에서 종교수행의 기회가 철저
히 배제된 수드라가 불교 교단에 받아들여지고 있으며, 브라만 출신자
의 1/7의 비율로 그리고 크샤트리야의 1/5 정도의 비율로 나타나고
있는 것을 결코 적다고 볼 수는 없다고 생각된다. 또한 원시불교 시대
의 종교적 하층 계층이라고 할 때 사회적 신분에 있어서 하층에 속하
는 수드라뿐 아니라 바이샤 등의 생산 계층들도 브라만교에서는 하층
에 속하므로44) 많은 계층으로 종교적 기회가 확대되었는가 하는 개념
으로 본다면 브라만과 크샤티리야를 제외한 모든 계층을 포함하여 언
급해야 한다고 필자는 생각한다. 아카누마 지젠이 언급한 수적 개념이
나타내고 있는 바를 필자의 시각으로 보자면 출신이 밝혀진 붓다의 제
자 가운데 수드라의 비중이 상대적으로 적은 것이 아니라 바이샤, 수
드라 등의 계층을 합한 숫자는 출신이 밝혀진 붓다 제자 전체의 35%
이며 브라만, 크샤트라야를 합한 숫자의 49%에 해당됨으로 종교적 개
념으로 하층에 속한 자들이 전체의 1/3 정도가 된다는 것이다. 물론

---

43) 赤沼智善의 이 통계에 대하여 홍정식 교수는 「불교의 정치사상」, 『불교학보』
제10집, p.71에서 '이 통계에 의하면 상층계급이 많고 하층계급이 적은 듯하지
만 하층계급이 입문했는데도 다수의 상층계급의 입문자가 있다는 사실은 불교
교단에서는 실질적으로 사성평등이 실시되고 있음을 말하여 주는 것이다.'라고
하여 실제 통계를 제시한 赤沼智善과 다른 해석을 하고 있다.

44) 거사(居士, gahapati), 장자(長者, setthi) 등의 계층은 브라만교의 이론상으로는
재생족으로서 상층의 개념에 속하는 듯하나 실제에 있어서는 종교적으로 차별
되었고, 붓다시대 이래 경제적으로 지위가 상승되었으나 사회적인 신분에 있어
서는 여전히 상층계층과는 차별되는 계층이었다. 이들 계층에 대하여는 본 연
구 4장을 참고.

바이샤 계층에 속하는 자들이 모두 사회적으로 하층이라고 할 수는 없을 것이고, 바이샤계층의 상층에 속하는 거사, 장자 등이 포함된 것이겠지만, 브라만교적인 개념에 있어서는 브라만 크샤트리야를 제외한 계층이 사실상 종교적으로 차별되고 있었던 것을 참고 한다면 바이샤 이하의 계층이 하층으로 포함되어 이해되어질 수 있다는 것이다. 그러므로 이들의 숫자가 결코 적은 것이 아니라고 생각되며 아카누마 지젠의 수드라만을 언급하는 이해는 조금 무리가 있다는 것이다. 따라서 붓다시대 불교 교단의 수행생활에 있어서 평등사상과 하층민에의 종교적 기회의 확대라고 하는 개념은 브라만교 등의 기존의 종교들과 비교하여 훨씬 확대된 개념이라는 것은 인정할 필요가 있다.

본 장에서는 평등사상을 중심으로 불교의 성립 배경과 불교사상의 특징을 살펴보았다. 당시의 사상들에 있어서 공통적으로 다루어지고 있는 업과 윤회에 대하여 불교는 어떠한 해석을 하고 있는가 하는 면에서 평등사상 성립의 가능성을 살펴보았고 그러한 전제하에 원시경전에서 계급론을 극복하고 있는 것으로 보이는 경전들을 검토해 보았다.

브라만교와 육사외도 등의 업에 대한 해석은 절대자에 의한 운명론이나 숙명론을 바탕으로 출생에 의한 차별적 현실을 인정하는 근거가 되고 있는 데 반하여 불교의 업설은 개인의 의지적 작용을 중심으로 설명되고 있다. 과거에 지은 업이 현세와 내세에 연결되어 있는 것은 인정하지만 현세의 삶이라고 하는 것은 이미 이루어진 행위로써의 업과 더불어 시시각각 개인의 의지 작용에 의하여 결정된다고 하는 것을 강조하여 현실에 대한 새로운 인식을 가능하게 했고, 현실의 계급적 차별을 내세가 아닌 현세에서 극복할 수 있는 여지를 주었다. 그러므로 불교의 업에 대한 새로운 해석은 계급론을 극복하고 평등론을 형성할 수 있는 사상적 바탕을 제시해 준 것이다.

이와 더불어 붓다는 원시경전 등에 보이는 바와 같이 모든 인간은 출생에 의하여 차별되는 것이 아니라 평등한 존재임을 강조하고 있으며 붓다의 평등사상은 불교 교단에서 실현되고 있었다. 물론 붓다가 당시 사회적으로 하층민에게 다각적으로 가해지던 차별을 개혁하려고 하는 혁명적인 움직임이나 자세를 보이지 않았다고 하더라도 이러한 현상을 바탕으로 불교의 평등적 자세를 부정적으로 보는 것은 무리가 있다고 생각된다.

Ⅲ. 왕권강화와 불교

붓다 시대의 정치적 상황은 도시국가가 발달하여 영역국가로 변모하는 시기라고 할 수 있다.[1] 불전에 의하면 16대국[2]이 있었던 것으로 되어 있으나 붓다시대에는 이들 대국 가운데 코살라(Kosala)가 인접하고 있는 카시(Kasi)를 점령하고 마가다(Magadha)는 앙가(Anga)를 정복하여 세력을 장악하게 됨으로써 서북 인도의 쿠루(Kuru)와 판찰라(Pancala) 등에 있던 정치, 경제의 중심이 동부 인도로 옮겨오게 되었다. 동부 인도의 중심이 되고 있던 국가들은 마가다와 코살라, 밤사(Vamsa), 아반티(Avanti) 그리고 밧지 연합국(Vajji) 등이었다. 이와 같은 나라들이 병존하며 상호 쟁패를 계속하고 있던 시대가 붓다 시대였다.

붓다 시대를 전후한 16대국과 4대강국 시대의 여러 국가들은 그 국가의 형태를 달리하고 있었는데 그것을 대별하면 만인에 의한 인민지배 사상을 배경으로 하고 있는 공화제 국가(Republic)[3]와 왕에 의한 지배 체제를 갖추고 있는 군주제국가(왕제국가, Kingdom)라고 할 수 있을 것이다. 공화제 국가들은 코살라의 동쪽과 마가다의 서북쪽의 히말라야 구릉 지대와 갠지스 강 사이의 지역을 중심으로 하여 형성되었고 밧지, 말라, 샤카 등이 이러한 공화국의 형태를 갖추고 있었다.

---

1) 中村元 著 차차석 번역, 『불교 정치 사회학』(서울: 불교시대사, 1993), p.57.
2) *Anguttara Nikaya*, vol. I, p.213; vol. IV, p.250, 256, 260.; 『중아함』 3권, p.292 (경번호 202, 「지재경」).
3) 고대인도의 국가형태에 대하여는 두 가지 형태가 존재한다고 하는 것은 일반적으로 인정되고 있으나 그 용어의 사용에 있어서는 조금 차이가 있다. 가나상가제(gana-sangha)의 국가형태에 대하여 대개의 학자들은 공화제(Republic)라는 용어를 사용하고 있는데 타파는 '현대의 역사가들이 가나상가제에 대하여 공화제, 과두제 등으로 번역하고 있으나 수장제 혹은 수장제 국가라고 번역하는 것이 더 정확하다.'(Romila Thapar, 山崎元一 번역, 『國家の起源と傳承』, p.110)고 하여 용어의 사용에 차이를 보이고 있다.

군주제 국가들은 주로 공화제 국가들의 주변과 동부 지역에 형성되었으며 마가다, 코살라, 카시 등이 대표적인 군주제 국가들이다. 이와 같은 두 가지 형태의 국가 가운데 공화제 국가들은 지배체제가 연합집회(samiti)와 씨족적 집회(sabha)라는 의회적 기능을 가진 집단에 의해 지배되고 지배권이 의회에 있었기 때문에 왕이 존재해도 실제적인 강력한 지배권을 갖지 못했다. 뿐 아니라 왕의 시위도 세습되지 않았다. 공화제 국가들은 군주제 국가들에 비하여 브라만적인 전통이 미약했고 군주제를 택하지 않음으로써 브라만 정치이론을 거부할 수 있었으며[4] 비정통적인 사상에 비교적 관대했기 때문에 당시 신흥사상의 중심인물들이 거의 공화제 국가에서 출현했다. 자이나교의 창시자 마하비라(Mahavira)는 잔트리카족(Jantrika) 출신이며 붓다는 샤카족(Sakya)에 속하는데 이들 두 종족은 공화제 국을 이루고 있었다.[5]

한편으로 군주제 국가에서의 왕은 대개 크샤트리야 출신자들이고 이들이 왕권을 장악할 수 있었던 것은 신탁에 의한 것으로 이해되고 있다. 국가의 발전과 더불어 씨족의 대표인 군주는 점차 자의적인 군주로 변모하고, 씨족적이고 수장적인 왕권하에서 가족승려(domestic-priest) 역할을 담당하던 자들은 사제관(prohita)으로서 국가의 중요한 재상의 자리를 갖게 되었다. 왕들은 프로히타를 통하여 신권을 부여받아 왕권을 확고히 하는 동시에 베다시대부터 왕의 권위를 확인하는 의식이었던 아수바메다(Asvameda)와 바자뻬야(Vajapeya) 등의 제를 거행함으로써 '왕중의 왕'이나 '대왕'의 칭호를 갖게 되었다.[6] 이러한 베다제의 거행은 왕권을

---

4) Piyasena Ditsanayake 저 정승석 번역, 『불교의 정치철학』(서울: 대원정사, 1988), p.170; Romila Thapar, *A History of India*, p.150.
5) *Romila Thapar*, Ibid, p.52.

신탁에 의한 것이라는 사상을 강화시켜 강력한 왕권을 형성할 수 있게
하는 동시에 브라만들이 왕권과 신권을 연결시키는 가교적 역할을 담당
함으로써 신흥 국가들에서 미약했던 브라만 세력도 강화되었다.

이러한 두 가지 형태의 국가들이 붓다 시대를 전후하여 병존하고 있었
으며 점차 강대국에 의하여 소국들이 병합되어 가는 군웅할거의 시대를
맞이하게 되었다. 또한 경제적으로는 유목생활에서 농경생활로 변화되고
도시문화가 발달했으며, 상업의 발달과 화폐경제로의 진행 등 많은 변화가
일어난 시기이기도 하다. 영토 확장을 위한 국가간의 잦은 충돌과 사회경
제적 변화는 강력한 지배력을 필요로 하였고 그러한 배경 속에서 공화제
국가들은 군주제 국가에게 점령되어 세력을 넘겨주지 않을 수 없게 되었
다. 4국시대의 국가들은 밧지 연합국을 제외하면 모두 군주제 국가였다.[7]

이러한 정치적 상황이 붓다시대의 시대적 배경이라고 할 수 있는데
이러한 시기에 형성된 불교사상이 정치적으로 어떠한 영향을 미치고
있는가를 검토하는 것이 본 장의 목표이다. 이를 위해 브라만교와 불
교의 정치사상을 먼저 살펴보고 다음으로 불교가 정치에 미친 영향을
검토해 보기로 하겠다.

1. 브라만교의 정치사상

1) 왕권의 기원

브라만교의 인류의 기원에 관한 사상은 리그베다의 원인(Purusa)찬가

---

6) 왕의 칭호는 문헌들에 다양하게 나타나고 있는데 사무라자(統王, Samuraja), 비
   라자(군주, Viraja), 바라메슈타(최고자, Varamesutta), 아티파티(主上, Atipati) 등
   이다.(Thapar, 山崎元一 번역 『國家の起源と傳承』, p.83).
7) 공화제국가의 멸망원인에 관하여는 Romila Thapar, Ibid, p.143; Trevor Ling,
   The Buddha(New York: Penguin Book, 1976), pp.51 이하 참고.

로부터 시작된다. 원인찬가에 의하면 사람들이 원인(原人)인 푸루사를 공물로 하여 제사를 지냈을 때 그의 입, 팔, 다리, 발에서 브라만, 크 샤트리야, 바이샤, 수드라라고 하는 네 개의 계급이 생겨났다[8]고 하며 신의 신체로부터 각 계층이 형성되었다고 하는 사상은 『다르마수트라 (Dharmasutra)』 시기(기원전 6세기경 - 기원전 2세기경)까지 크게 변화 되지 않았다. 『마누법전(Manu smriti)』에 의하면 '브라만은 가장 고귀하 고 청정하여 베다의 학습과 제사의 주관 등 신성한 일을 담당하며, 크 샤트리야는 팔로써 무기를 가지고 인민을 보호하며 통치하는 일을 맡 아야 하고, 바이샤는 다리로써 생계를 유지하기 위한 경제 행위를 담 당하여 상위 계층을 부양해야 하며, 최하층의 수드라는 발로써 상위 계층에 대한 예속적인 봉사 임무를 담당해야 한다'[9]고 하여 각 계층은 그 출생이 다르고 담당해야 할 임무도 나뉘어져 있다고 한다. 이것은 『마누법전』 이외의 다른 수트라들에도 같은 개념들로 나타나고 있다. 인류 기원이 신의 몸으로부터 분화되었다고 하는 사상과 같은 맥락에 서, 브라만교의 왕권설도 신과 깊은 관계를 바탕으로 형성되었다. 브라 만교의 왕권기원에 대한 사상은 『브라마나(Brahmana)』의 여러 곳에 나 타나 있다. 그 내용들을 요약하면 다음과 같다.

　　한때 악마들과 신들이 전쟁을 했는데 신들이 계속하여 패했다. 이에 신들은 회의를 하여 이러한 상황을 극복하고자 논의한 결과 신들에게는 왕이 없이시 패한 것이라고 생각되어, 그들 가운데 수마(Soma)를 왕으로 뽑고 지도자로 삼음으로써 전쟁에서 승리할 수 있게 되었다.[10]

　　인드라(Indra)를 왕으로 삼아 전쟁에서 승리했는데, 그를 왕으로 뽑은 것은 인드라가 신들 가운데 가장 활력있고 힘센자였으며, 아울러 가장 연장자였기 때문이었다.[11]

---

8) *Rig Veda* 10. 90; *Vasistha Dharmasutra* 4.2(S. B. E. vol.14, p.25).
9) *Law of Manu*, 1. 88-91(S. B. E. vol.25, p.24).
10) *Aitrareya Brahmana* 1.14.

바루나(Varuna)가 신들의 왕이 되고자 했으나 그의 지도력이 받아들여지지 않았다. 이에 바루나는 그의 아버지인 프라자파티로부터 특별한 주문을 배우고 프라자파티는 바루나를 신들 가운데 가장 뛰어난 자로 만들었다. 그러자 바루나는 왕으로서의 지배권을 인정받게 되었다.[12]

앞의 사료에 의하면, 전쟁에서 승리하기 위해 지도자가 필요했기 때문에 왕이라는 직위가 생겨난 것이다. 그래서 왕의 주요 직무는 전쟁의 수행이다. 또한 왕이 되려면 특별한 지도력이 있어야 하는데, 바루나는 능력이 부족했지만 프라자파티로부터 특별한 능력을 부여받음으로써 지배권을 인정받게 되었다는 것이다. 결국 신들 가운데서도 지배자가 되려면 더 상위에 있는 강력한 신으로부터 특별한 능력을 부여받아야 하는 것과 같이, 인간 세상을 지배하는 왕도 초월적인 존재로부터 특별한 능력을 부여받아야 한다는 것이다. 이로써 왕권에 신이 개입하는 사상이 자리 잡게 된다. 이러한 것을 종합해 보면 브라만교의 왕권 사상은 신권과 결합된 개념이며, 왕의 주된 임무는 전쟁에서 승리하는 것이라는 군사적 개념을 바탕으로 하고 있는 것이다.

2) 왕권의 신성화

브라만교의 왕권사상은 브라마나 시대 이후 제사의 중요성이 확대되어 가고 한편으로는 왕권이 강화되어 가는 시대적 배경 속에서 왕을 신격화하는 방향으로 발전되어 갔다.[13] 앞서 언급되었던 바와 같이 붓다 시대

---

11) *Taittiriya Brahmana* Ⅱ. 2.7. 2; Ⅱ. 2.10.1-2; Ⅷ. 4.12.
12) *Jaiminiy brahmana* Ⅲ. 152; A. S. Altekar, *State and Government in Ancient India*, p.70.
13) Thapar는 『국가의 기원과 전승』, p.166에서 '왕이 즉위식을 거행한 때에 신성이 왕에게 받아들여지고 왕제국가(군주제국가)와 신성이 연결됨으로써 lineage를 기초로 하는 왕권이 갖는 권력과는, 질적으로 다른 권력을 갖는 왕이 탄생하게 되었다'고 한다.

를 전후하여 4국시대로 이행되어 가고 있었으며 국가 간의 무력적 충돌
도 잦아졌기 때문에, 각 국의 왕들은 왕권을 강화하여 전쟁에 효과적으
로 대처하고자 했다. 각국의 왕들은 절대적 왕권을 뒷받침할 수 있는 왕
권 사상을 필요로 했고, 베다 시대 이래 지내 오던 왕의 즉위식과 관련
된 각종 의식을 중요시하게 되었다. 왕의 즉위식은 라자수야(Rajasuya)라
고 하는데 이것은 일반적으로 각 국가의 왕들이 즉위하는 의식이다. 그
런데 신권을 개입시킴으로써 라자수야보다 일층 왕권을 강화시켜 주는
의식이 아수바메다(Asuvameda)와 바쟈베야(Vajaveya)이다. 아수바메다는
한역으로는 마사제라고 하며 소마(Soma)제 가운데 하나로서 왕에게 승리
와 주권을 수여하는 의식이다. 바쟈베야는 '승리를 보증하는 힘의 음료'
라고 하는 의미를 갖고 있는 것으로서 아수바메다에 앞서 진행된다.

　아수바메다는 두개의 부분으로 나뉜다. 첫째는 준비단계이며 둘째는 절
정이다. 준비단계에서 말을 고르고 그 말을 동북쪽을 향하여 풀어 준다.
그 말이 나아가는 방향은 신들이 안내하며 주로 정복되지 않은 지역이다.
이 말을 1년 동안 마음대로 돌아다니게 놓아두고 왕의 적출의 왕자들과
수많은 병사들이 뒤따른다. 이 말은 주변 지역의 지배자들에게는 하나의
도전이며 만일 이 말과 수행자들이 공격당하여 패하면, 말은 즉시 잡히고
이 제사를 수행한 왕은 제사를 계속하지 못하며, 조소거리가 된다. 사방
으로 돌아다니던 말이 무사히 본래의 자리로 돌아오면 두 번째의 절정에
이르게 된다. 말은 중앙에 묶이고 그 주위에 많은 동물들이 묶이며 이 제
사를 통하여 말은 제주인 왕을 하늘로 이끄는 큰 새가 된다고 믿어졌다
이러한 일련의 제사의 과정이 끝나고 나면 일년 동안 말이 돌아다닌 모든
영토에 제사를 주관한 왕의 통치권이 미친다고 생각했다.[14]

　오계절을 뜻하는 다섯 개의 바쟈베야컵이 들어올려지고 소마(Soma)의
17개의 컵과 수라(Sura)의 17개의 컵이 들어올려지는데, 이것은 삼십삼천

---

14) Margaret and James Stutley, *A Dictionary of Hinduism*(London: Routledge &
　　Kegan Paul, 1977), pp.24-27; 아수바메다의 과정에 대하여는 Satapatha Brahmana,
　　ⅩⅢ Kanda(S. B. E. vol.44, pp.274 이하)참고.

과 프라자파티(Prajapati)를 뜻하는 34개로써 전체를 의미한다. 17대의 전
차가 둥근 트랙을 도는 경주에서 제주(왕)의 전차가 항상 승리자가 되며,
이 승리는 지상세계의 획득을 의미한다.15)

이러한 의식들을 행함으로써 왕은 절대적인 지배권을 그의 신하와
백성들에게 알리고 나아가 주변의 국가들에게도 인정하게 하여 절대적
왕권을 과시하고, 이를 인정하지 않는 인접 국가들에 대하여는 무력적
정복도 불사하게 된다. 이와 같은 왕권의 신성화 경향에 중요한 역할을
담당한 것은 사제계층이었다. 왕권 강화를 위한 각종의 의례의 발전은
이를 담당하는 사제 계층의 역할을 확대시켰다. 왕들은 즉위식, 아슈바
메다, 바쟈베야 등에서 신의 대리인이라고 하는 사제들을 통하여 신과
교류를 갖고 왕권을 신권화 하고자 했기 때문에 이를 집전하는 브라만
계층을 예우를 하지 않을 수 없었다. 한편으로 브라만 사제들은 왕권을
신권과 연계시키는 매개적인 역할을 담당함으로써 자신들의 세력을 확
대할 수 있었기 때문에 왕과 사제 계층이 결탁하게 되었다.

지금까지 브라만교의 왕권사상에 관하여 살펴보았다. 브라만 사상에
있어서 왕권 성립의 배경은 전쟁이었으며, 왕권이 유지되고 확장되기
위하여 전쟁에서의 승리는 무엇보다도 중요한 것으로 강조되었다. 그
래서 『마하바라타(Mahabhratha)』에서는 '전쟁에서 죽는 것이 최대의 명
예다. 명예를 지닌 자 만이 천국을 획득한다.'16)고 하며 『마누법전』에
는 '싸움터에 나아가 최대의 노력을 기우려 싸우고 등을 적에게 돌리
지 않는 왕은 천국으로 가리라.'17)라고 했던 것이다. 전쟁에서 효과적
인 승리를 거두기 위해서는 왕권을 강화할 필요를 절감했고, 이를 지

---

15) 바쟈베야에 대하여는 *Satapata Brahmana*, Ⅴ Kanda(S. B. E. vol.41, pp.3-41)
    Satapata Brahmana, Ⅸ Kanda(S. B. E. vol.43, pp.223-229) 등에 자세히 나와
    있으며 여기서 인용한 것은 *A Dictionary of Hinduism*, p.319에 있는 것을 요
    약한 것이다.
16) *Mahabharata*, 7. 93. 55; 3. 300.31.
17) *Law of Manu*, 7. 89(S. B. E. vol.25, p.230).

지할 수 있는 사상적 바탕도 필요했기 때문에, 브라만교의 정치사상은 왕권에 신성을 부여하는 사상으로까지 발전하게 되었다. 이러한 것을 배경으로 지배권을 강화하고자 하는 왕과 왕에게 신성을 부여하여 그들의 영향력을 확대하려고 하는 사제계층의 욕구가 결합되어 왕권의 신장과 함께 사제 계층의 세력도 확대되었다.

2. 불교의 정치사상

1) 불교의 왕권기원설

불교의 왕권 성립에 관한 설은 『장아함』의 소연경에 자세히 언급되어 있다. 그 내용을 요약하면 다음과 같다.

존재자들이 지상에 내려와 처음에는 생각을 먹고 살았으나 어떤 이가 단샘에서 맛나는 것을 맛본 이후 음식을 먹고살게 되었다. 처음에 먹은 지비가 사라지자 점차 추한 지비가 나왔으며 이것이 사라지고 이윽고 멥쌀(갱미)을 먹게 되었는데 아침에 먹을 것은 아침에 구하고 저녁에 먹을 것은 저녁에 구하였다. 그런데 어느 게으른 자가 아침, 저녁으로 먹을 것을 구하는 것이 번거로워 하루 동안 먹을 것을 한번에 구하게 되었고 이를 본 다른 사람이 3일분의 식량을 한번에 구하게 되었다. 이와 같이 하여 점차 욕심을 내게 되고 나아가서는 식량을 마련할 땅의 경계를 만들게 되었다. 그러자 어떤 사람은 자신의 식량을 구할 전지가 있음에도 불구하고 다른 사람의 전지에서 남의 것을 훔쳐 자신의 욕심을 채우게 되었다. 이에 '사람은 점차 악해지고 전지가 있음으로 다툼이 생기니 차라리 한 사람을 세워 주인으로 삼아 다스리게 하여 보호 할 자는 보호하고 꾸짖을 자는 꾸짖게 하고 모든 사람들은 쌀을 걷어 그에게 공급하면서 쟁송을 다스리게 해야겠다.'고 사람들은 생각하게 되었다. 이에 1인을 선택하게 되었는데 그는 형체가 장대하고 아름다웠으며 백성들의 원

하는 바를 따른다고 하며 백성을 위로하고, 백성들은 이 말을 듣고 기뻐
하며 '좋도다. 대왕이여!'라고 하니 이로써 세상에 처음으로 왕이라고 하
는 이름이 생겼으며 정법으로써 백성을 다스림으로 이름을 찰제리(크샤
트리야)라고 하게 되었고 이로써 찰제리라고 하는 이름이 처음 생기게
된 것이다.[18]

이 사료에서 살펴볼 수 있는 것은 왕이라고 하는 직위가 왜 필요하
게 되었는가 하는 것이다. 사람들이 사적인 소유물을 갖게 되면서 욕
심이 충돌하여 분쟁이 생기게 되었는데, 이러한 개인간의 분쟁을 효과
적으로 다스리기 위해 왕이라는 직위를 두게 되었다는 것이다. 둘째로
는 이러한 왕의 존재가 필요하게 되었을 때 어떠한 방법으로 왕이 정
해지게 되었는가 하는 방법론이다. 그것은 신에게 의지하거나 다른 힘
에 의뢰하여 왕이 되는 것이 아니라 바로 통치의 대상이 되고 있는
일반민들의 합의에 의해 왕이 선출된다고 하는 것이다. 셋째 이렇게
선택되어 왕이 된 자는 백성을 어떻게 다스려야 하는가 하는 것인데
이것은 정법주의를 기본 이념으로 하고 있다는 것이다. 여기에서는 정
법에 대한 구체적인 표현이 없기 때문에 알 수 없으나, 대개 '개인적
인 욕심을 억제하여 훔치거나 서로 싸우는 악행을 하지 못하게 하고
백성을 다스리는데 있어서는 평등 즉 공평무사의 정신을 바탕으로 사
회의 질서를 세우는 것'[19]이라고 할 수 있다. 이와 같이 불교에서 보
는 국왕의 필요성은, 사유재산의 발생과 더불어 생긴, 분쟁을 해결하기
위한 것이며 백성들에 의해 임무가 맡겨지고 선출되어진다는 왕권사상
(Mahasamata, Great Elect)을 갖고 있다. 이러한 왕권사상은 왕과 백성
사이의 계약 관계라고 할 수 있는 사회계약적인 성격을 갖고 있기 때
문에[20] 신에 의하여 왕의 권력이 주어진다고 하는 신권과의 연계성은

---

18) 『장아함』, p.144(경번호 5, 「소연경」).
19) 불교의 정법주의에 대하여는 김동화, 「불교의 국가관」, 『불교학보』 10집(동국대
    학교 불교문화연구소, 1973), p.14 참고.
20) 정승석 번역, 『불교정치철학』, p.141; 中村元, 『佛敎政治社會學』, p.58. 그리고

보이지 않는 것이며, 백성들의 필요에 의하여 선거되어 진다는 사상을 바탕으로 하고 있기 때문에 백성들 위에 군림하고 절대적 지위와 권력을 갖는 왕권의 개념은 보이지 않는다.

2) 불교의 이상국가

붓다가 이상으로 하는 국가는 가나상가(gana, sangha)제 국가였다.[21] 이 시기에 그러한 성격을 갖고 있는 대표적인 국가는 밧지(Vajji, Vrijis) 연합국이다. 『중아함』에는 마가다의 아자타사트루왕이 밧지연합국을 정복하려고 하였을 때 프로히타인 바사카라(Vassakara)로 하여금 붓다에게 가서 이러한 일을 말하고 가능한지 듣고 오라고 했다. 이때 붓다는 밧지국이 어떠한가 하는 것을 묻고 그에 대한 견해를 말하고 있는데 그 주요 내용은 다음과 같은 것이었다.

① 자주 회의를 열고 모이는가.
② 함께 모이고 함께 힘쓰며 함께 일어나는가.
③ 전통에 충실하여 옛 법을 잘 받들어 행하는가.
④ 세력으로써 남의 부인이나 처녀를 범하지 않는가.
⑤ 이름과 덕망이 있어 존중할 사람이 있으면 밧지 사람들은 모두 그를 존경하고 그의 가르침을 받으면 그대로 행하는가.
⑥ 옛 사원은 수리하고 공양하여 지키며 본래시설을 허물지 않고 본래 한 일을 줄이지 않는가.
⑦ 아라한들에 대한 옹호와 공경이 지극한가.

대부분의 학자들은 불교의 정치관에 관하여 사회계약적인 성격을 갖고 있다고 보고 있다.
21) 공화제 국가의 집회를 상가(sangha) 혹은 가나(gana)라고 하는데 이러한 집회가 국가의 중심이 되고 있기 때문에 공화제국 자체를 상가 혹은 가나라고 하거나 가나상가(gana-sangha)라고 한다. 붓다는 불교 교단을 이러한 민주적인 형태로 형성하여 교단을 '상가'라고 했다.

하는 것을 붓다가 바사카라에게 묻고 "밧지국이 이러한 7가지 법을 행하고 있다면 밧지국은 반드시 이길 것이며 쇠하지 않을 것이다. 그러므로 마가다는 전쟁으로 밧지국을 이길 수는 없을 것이다."라고 붓다는 말하였다.[22]

여기에 인용된 것은 붓다가 이상국가로 보고 있는 기준이라고 할 수 있을 것이다. 강력한 왕의 통치력이나 군사적인 힘은 전혀 논하지 않고 있으며 사람들이 함께 모여 논의하는 회의체를 중시하고 인민이 모두 합심하여 전통을 보전하며 도덕과 예의를 갖추고 훌륭한 자를 공경하는 것을 기준으로 삼고 있다. 이러한 국가의 형태는 공화제적인 성격을 갖는 것이며 붓다가 이상적인 국가라고 보는 것이 공화제 국가였다는 것을 보여주는 것이다. 이러한 덕목을 갖추고 있는 국가라면 강력한 군대를 가진 아자타사트루왕의 무력으로도 정복하지 못할 것이라고 하여 무력은 그렇게 중요한 것이 못된다는 것을 말하고 있다. 붓다가 전쟁이라는 무력적 통치행위에 대해 찬성하지 않았다고 하는 것은 불교경전에 자주 나타나고 있다. 『잡아함』에는 한 군인이 전쟁의 과보에 대해 묻는 내용이 있다. 그 내용을 요약하면 다음과 같다.

한 군인이 붓다에게 "군인으로서 전장에 나아가 무기를 들고 앞장서서 적을 잘 무찌르면 그 과보로써 천상에 태어난다고 하는 데 어떠한 의미를 갖는 것입니까." 하고 물었다. 이에 붓다는 "만일 군인이 잘 싸우려고 하면 먼저 해치려는 마음을 일으키지 않는가? 그러므로 싸움에는 세 가지의 악업이 있는 것이다. 즉 몸(身)과 입(口)과 뜻(意)의 삼업이 그것이다. 이러한 악업의 과보로 천상에 태어난다고 하는 것은 잘못된 소견이며 이러한 잘못된 소견을 가진 자는 지옥이나 축생에 태어나게 될 것이다."라고 대답했다. 이에 군인은 지금까지 자신이 지은 악업과 잘못된 소견을 믿고 있었다는 것을 깊이 깨닫고 붓다에게 귀의했다.[23]

---

22) 『중아함』 2권, p.317(경번호 142, 「우세경」); *Digha nikaya*, vol. II, pp.78-82, 「Maha Parinibbana Suttanta」.

위의 경전은 전쟁터에서 적을 죽이는 것은 선업을 쌓는 것이고, 그로인해 천상에 태어난다는 브라만들의 사상을 비판하여, 전쟁에서의 살생은 악업을 쌓는 일일 뿐이라고 가르치고 있는 것이다.

또 붓다는 '왕이 되어서도 살생하지 않고, 남을 시켜 살생하지 않으며, 언제나 법은 행하고 법 아닌 것은 행하지 않을 수 없을까'24) 하는 생각을 했다고 한다. 왕들은 붓다의 가르침을 받고 우바새가 되었지만 왕이라는 직위 때문에 타국과의 전쟁을 하지 않을 수도 없고, 전쟁에서 직접 살생을 하지 않는다 하더라도 자신의 군대가 살생하는 것을 막을 수도 없는 것이다. 이러한 왕들의 입장, 왕들이 쌓을 악업에 대해 고심하는 붓다의 모습을 잘 드러나 있는 구절이다. 그래서 붓다는 경전의 여러 곳에서 전쟁을 하지 않고 나라를 다스려야 한다는 것을 강조하며 정법의 군주가 지켜야 할 세 가지 원칙을 다음과 같이 제시하고 있다.

① 내적 또는 외적이 인민을 죽이고 인민을 학살할 경우에 한하여 인민의 고통을 구해 주어야 한다.
② 가능한 한 무기를 사용하지 않고 내외의 적을 평정시킬 것을 생각해야 한다.
③ 적은 가능한 한 죽이지 않고 포로로 붙잡아 무력을 차단하는 것을 생각해야 한다.25)

이와 같이 붓다는 전쟁을 부정하고 무력에 의하지 않고 법(Dharma)에 의지하여 지배되는 국가를 이상적인 국가로 보고 있는 것이다.

---

23) 『잡아함』 2권, p.408(경번호 908, 「전투활경」).
24) 『잡아함』 3권, p.156(경번호 1098, 「작왕경」).
25) 『증일아함』, 2권 pp.255-271

3) 전륜성왕 사상

불교에서 이상적인 국가로 보고 있는 것은 공화제 국가이기 때문에 국왕의 절대권을 인정하고 있지 않지만, 군주의 절대적 지배권을 전혀 수용하지 못하고 있는 것은 아니다. 불교사상에서 군주의 절대적인 지위를 인정하고 있는 면은 전륜성왕(Cakravartin) 사상이라고 할 수 있다. 전륜성왕 사상은 불교의 독창적인 사상이 아니라 기존의 인도사상에도 있었던 것인데, 붓다에 의해 이상적인 군주상으로 구체화된 것이라고 할 수 있다.[26] 『장아함』에는 전륜성왕에 대해 다음과 같이 설명되어 있다.

> 견고념(Strongtyre)이라는 왕이 있어 전륜성왕이 되어 4천하를 차지하고 있었다. 때에 왕은 법대로 다스리고 교화하여 7보를[27] 갖추고 있었다. 천명의 그의 아들은 용맹하고 건장하여 적들에게 항복을 받고 무기를 쓰지 않고도 저절로 태평했다. 견고념왕이 오래 세상을 다스렸을 때 금륜보가 원래의 자리를 조금 떠나 움직여진 것을 보고 왕은 이제 수명이 얼마 남지 않은 것을 알고 태자에게 왕위를 물리고 수염과 머리를 깎고 법의를 입고 집을 떠나 도를 닦았다. 견고념왕의 태자가 즉위했을 때 금륜보가 갑자기 사라져 보이지 않았다. 왕은 이를 걱정하자 선왕은 "전륜성왕의 바른 법으로 다스리면 금륜보는 다시 제자리에 올 것이다."라고 했다. 왕이 아버지의 가르침대로 따르자 금륜보가 다시 나타났다. 왕은 이 금륜보를 시험하기 위해 금륜보를 어루만지며 "동방을 향하여 굴러 법을 따르라."고 하니 금륜보는 곧 동쪽으로 굴러갔다. 이에 왕은 상군, 마군, 차군, 보군 등의 사군을 거느리고 뒤따르니 동방의 작은 왕들은 왕을 받들고 환영하여 "원컨대 성왕이여 여기서 정치를 행하소서.

---

26) 전륜성왕에 대하여는 『장아함』 pp.149(경번호 6 「전륜성왕수행경」), 『중아함』 1권 p.331(경번호 70의 「전륜왕경」), 『잡아함』 2권 p.276(경번호 721, 722의 「전륜왕경」) 등에 서술되어 있다.

27) 7보는 ① 금륜보(金輪寶) ② 백상보(白象寶) ③ 감마보(紺馬寶) ④ 신주보(神珠寶) ⑤ 옥녀보(玉女寶) ⑥ 거사보(居士寶) ⑦ 주병보(主兵寶) 등이다.

우리들은 마땅히 좌우에서 모여 명령을 받겠습니다."라고 했다. 이어 금
륜은 남방, 서방, 북방으로 굴러가 가는 곳마다 왕이 따라가니 모든 국
왕들이 각각 그 국토를 바치는 것이 동방의 작은 왕들과 같았다.[28]

위에 인용한 경전의 내용을 바탕으로 하여 전륜성왕의 사상을 살펴
보면 전륜성왕은 천하를 지배하는 절대적인 지배권을 갖고 있는 군주
이며, 왕은 개인적으로 덕을 갖추고 이를 바탕으로 하여 인민을 포용
하고 주변국을 지배할 수 있는 능력을 갖추고 있어야 하며, 절대적인
지배권은 무력에 의한 타국의 정복으로 이루어지는 것이 아니라, 정법
으로 나라를 다스려, 주변의 왕국들이 스스로 복종하게 해야 한다는
것이다. 브라만교의 절대적이고 신성을 갖춘 군주상과 비교하면 불교
의 전륜성왕은 비무력적이고 평화적인 성격을 갖는 절대적인 군주상이
라고 할 수 있을 것이다. 불교의 전륜성왕 사상은 붓다가 출가하지 않
고 세속적인 군주로 남았다고 한다면 전륜성왕이 되었을 것이라고 하
는 예언과 연결되어 있다.

불교의 정치사상에 있어서는 국왕의 절대적인 지배권과 무력에 의한
지배를 부정하고 있기 때문에, 군웅할거 체제를 해결하고 통일제국을
형성할 수 있는 시대의 정치사상으로는 부족한 면이 있다. 이 때문에
16국 시대와 4국 시대에는 불교의 정치사상이 국가의 중심 사상으로
발전하기 어려웠다. 그러나 무력으로써가 아니라 법(dharma)으로써 천
하를 통일하여 지배한다고 하는 전륜성왕 사상은 무력적인 통일 전쟁
이 완성되는 마우리아제국 시대에 그 정치론이 실현될 수 있는 실마리
를 제공하고 있다.

---

28) 『장아함』, p.149(경번호 6, 「전륜성왕수행경」); Digha Nikaya 경번호 26 「Cakkavatti
-Sihanda Sutta」.

3. 붓다 시대의 왕권과 불교

불교와 브라만교의 왕권사상에 대해 살펴보았는데, 불교의 정치사상은 무력과 절대적 군주권을 인정하지 않고 있기 때문에, 16국시대와 4국시대의 정치사상으로서는 미흡한 면이 있다. 브라만교의 왕권 사상은 왕권을 신권과 연계시킴으로써 절대적인 왕권 사상의 이론적 뒷받침을 하고 있기 때문에 붓다시대를 전후한 4대 강국 형성기에 있어서는, 브라만 정치사상이 국가지배의 중심적 역할을 담당했다. 그럼에도 불구하고 이 시기의 여러 왕들이 불교에 귀의하거나 불교를 수용했던 것은 어떻게 이해될 수 있는가를 본 절에서 살펴보고자 한다.

1) 붓다시대의 왕들

불교는 신흥국가를 중심으로 세력을 확대했으며 특히 마가다의 왕사성과 카시의 바라나시 코살라의 사위성 등이 붓다 활동의 주요 무대가 되었다. 붓다 시대에 마가다는 빔비사라(頻毘沙羅, Bimmbisara)왕이 다스리고 있었는데 빔비사라왕은 풍요한 앙가(Anga)국을 점령하여 지배영역을 확대하고, 코살라의 왕녀를 정비로 삼고 베살리(Vesali)의 왕녀를 측비로 삼는 등의 결혼정책으로 마가다를 코살라와 더불어 가장 강력한 왕국으로 만들었다. 빔비사라왕은 죽림 동산(Veluvana)에서 붓다를 만나 최초로 붓다의 가르침을 받은 왕이 되었으며[29] 여기에 정사를 지어 붓다에게 기증했는데 이 죽림정사는 아나타핀디카가 기증한 기원정사와 더불어 붓다가 가장 많이 머물렀던 곳이다. 이 이후 빔비사라왕은 불교에 귀의하여 재가신자가 되었다.[30] 빔비사라왕의 아들인

---

29) 붓다가 성도한 이후 사르나드(Sarnath, 녹야원)에서 옛 동료 수행자들에게 최초의 설법을 했고(초전법륜), 이들이 붓다로부터 최초의 가르침을 받은 자들이다. 왕으로서는 빔비사라가 최초로 가르침을 받았다.

아자타사트루(阿闍世, Ajatasatru)왕은 처음에는 불교에 대하여 적대적
이었으나 부왕을 살해하고 즉위한 이후 이에 대한 회한으로 불교에 귀
의하여 재가신자가 되었다.[31]

마가다와 더불어 강대국이 되었던 코살라는 이 시기에 프라세나짓
(波斯匿, Prasenasit)왕이 다스리고 있었다. 프라세나짓왕은 아자타사트
루왕과 수차례에 걸친 전쟁을 했는데[32] 때로는 이기고 때로 지기를
거듭했다고 한다. 한때 프라세나짓왕은 아자타사트루를 생포했으나 살
려서 돌려보내고 이후 왕녀를 아자타사트루에게 주어 결혼정책으로 화
평을 유지하게 되었으며 코살라와 마가다는 그 세력이 강하여 우열을
가리기 힘들었다.[33] 프라세나짓왕이 불자였는지 의심되기도 하지만[34]
붓다를 방문하여 종교, 도덕, 정치 문제, 개인적인 문제 등에 관하여
논의하고 있는 것을 많이 볼 수 있으며[35] 프라세나짓왕은 붓다와 나
이가 같고 종성이 같다(붓다와 프라세나짓은 모두 크샤트리야 출신)는
것을 자랑으로 여겼다고 한다.[36] 프라세나짓왕의 아들인 바두다바왕도
불교의 재가신자였다고 하며 마가다와 코살라의 왕들 외에도 아반티
(Avanti)의 파조타(波羅殊提, Pajjota)왕, 브리지(Vriji)연합국의 중심국인
베사리(Vesali)의 체타카(Cetaka)왕, 밤사(Vamsa)의 우데나(優陀延那,
Udena)왕[37] 등도 불교의 재가신자가 되거나 불교를 지지한 왕들로 불

---

30) 빔비사라왕은 『중아함』, 경번호 62, 「빔비사라왕영불경」; 『잡아함』, 경번호 413
　　의 「왕력경」, 경번호 485의 「우타이경」, 경번호 604의 「아육왕경」 등에 나오며
　　자타카에는 경번호 239, 283 338, 483, 492 등에 나온다.
31) 아자타사트루왕은 『장아함』, 경번호 2의 「유행경」, 경번호 27의 「사문과경」 등과 자
　　타카 경번호 26, 150, 239, 241, 283, 338, 373, 415, 438, 458, 530에 나온다.
32) 『잡아함』, 경번호 1236-1237, 「전투경」; 中村元 『印度古代史』上, p.272; Romila
　　Thapar 저 山崎元一 번역, 앞의 책, pp.158-159.
33) 『잡아함』, 경번호 413, 「왕력경」.
34) 羽溪了諦, 「佛教興起の政治的 背景」, 『宗教硏究』 臨時特輯號, p.65.
35) 불전에는 프라세나짓왕이 많이 등장한다. 『중아함』, 경번호 213-216; 『잡아함』,
　　경번호 413의 「왕력경」을 비롯한 22개의 경들에 나오며 Jataka에는 10개의 경
　　에 등장하고 있다.
36) Sanutta nikaya, vol.Ⅰ, p.68-102.

전에 나타나고 있다.

이러한 것들을 종합하여 보면 당시의 강대국이라고 할 수 있는 마가다와 코살라의 왕들과 그 밖의 왕들도 불교에 귀의하였거나 적어도 관심을 갖고 있었던 것으로 볼 수 있다.

2) 왕권 강화와 불교의 수용

이미 언급한 바와 같이 불교의 정치사상은 민주적인 체제를 바탕으로 하고 있기 때문에 군주제 국가에서 수용될 수 있는 여지보다는 공화제 국가에서 성장할 수 있는 여지를 더 많이 갖고 있다고 할 수 있을 것이다. 그럼에도 불구하고 마가다, 코살라 등의 군주제 국가의 왕들이 불교에 귀의하고 있는 것은 불교가 어떠한 형태로든 당시의 정치적 현실에 영향을 미칠 수 있는 계기가 있었기 때문일 것이다. 이러한 계기가 무엇이었는가를 다음의 소절에서 살펴보기로 하겠다.

(1) 왕권과 브라만사제층의 갈등

관리적인 성격을 갖고 있는 브라만 사제 계층과 왕권과의 관계를 검토하기 위해서는 우선 관료제의 연구가 선행되어야 할 것이다. 그러나 인도 고대사에서 관료제의 형태를 상세히 기술한다는 것은 매우 어려운 면이 있다. 중국, 한국 등의 다른 아시아 국가들과는 달리 인도는 역사적 기술서가 많지 않고 종교, 철학, 신화 등을 바탕으로 하여 역사를 연구해야 한다는 한계성 때문에 인도의 지배체제와 관료제에 대한 연구도 큰 진전을 보지 못하고 있다. 본 연구에서 인도 고대사의 관리 제도나 관료 체제의 성격 등의 문제를 전반적으로 다루는 것은 불가능하기 때문에 주로 브라만 사제관(prohita)과 왕과의 관계에 한정하여 검토하고자 한다.

---

37) 『잡아함』 3권, p.245(경번호 1165, 「빈두라경」).

본 연구에서 다루고 있는 시기는 영역국가에서 고대제국으로 변화되어 가는 시기이다. 이 시기는 역사상 대변혁의 시기이다. 이 시대에 일어난 변화 가운데 하나가 혈연적이고 세습적인 귀족이 장악하고 있던 중요 관직을 왕과의 충성 관계를 바탕으로 하는 비세습적이고 비혈연적인 관리가 대신하게 되는 것이라고 할 수 있다. 이를테면 중국의 경우, 춘추 시대에서 전국시대로 이행되면서 세습적인 경대부 계층 대신에 왕에게 충성을 서약한 사(士) 계층이 관리로 등용되고 있는데 이들이 왕과 맺고 있는 관계는 어디까지나 개인의 능력과 왕에 대한 충성심을 바탕으로 하는 것이며 이렇게 등용된 관리는 왕에게 절대적으로 복종하는 신민(臣民)과 같은 개념이며 왕권을 함께 나누어 향유하는 것은 아니다.38) 이러한 새로운 관료층의 형성이 열국들이 쟁패하고 있던 춘추시대 말에서 전국시대 초기에 걸쳐 일어났다고 하는 것은 열국의 쟁패 과정에서 절대적인 왕권의 강화가 필요했고 왕권의 강화는 세습적인 귀족의 힘을 제압하지 않고는 불가능했기 때문일 것이다.

그런데 인도 고대사의 대변혁기라고 할 수 있는 4국으로의 이행 시기에 있어서 왕권의 강화라고 하는 과제를 사제계층을 통하여 구함으로써, 왕권의 강화는 곧 사제 세력의 확대를 가져오게 되었기 때문에, 왕들은 사실상 사제층 즉 귀족의 세력에 대하여 절대권을 행사하기가 어려웠다. 『마누법전』에 의하면 왕을 정점으로 하여 다수의 관리가 있었으며 이 관리층의 최고위를 점하고 있는 것이 사제 즉 프로히타 (Prohita)이다. 이 시기 왕과 사제관의 관계가 어떠한 것이며 어떠한 자들이 사제관에 임명되고 있는가 하는 것에 대하여 『수트라(Sutra)』에는 다음과 같이 언급되어 있다.

왕의 특수 임무는 모든 인민을 보호하는 것이며 그것을 완수함으로써 현세와 내세의 성공을 얻을 수 있다. 신성한 법에 조예가 깊은 자들은

---

38) Cho-yun Hsu, *Ancient China in Transition*(California: Stanford University Press, 1968), pp.86-96.

'공포와 슬픔으로부터 자유로워지기 위해서는 일생 동안의 의례 행위가 왕에 의해 거행되어져야 한다.'라고 말한다. 그러므로 왕은 가장의 도리에 대한 의례적 의무를 수행하기 위하여 가족승려(prohita)를 임명해야만 한다. 그것은 베다(Veda)에 '브라만이 프로히타에 임명된 지역은 번영한다.'고 되어 있기 때문이다. 왕은 프로히타를 임명함으로써 왕으로서의 특수임무와 가장으로서의 특수임무를 완수할 수 있다. 그러나 왕 혼자만으로는 이 두 가지를 완수할 수 없다.[39]

왕은 그의 백성들을 돌보며 그 대가로써 백성들의 수입과 정신적인 공덕의 1/6을 받아야 한다. ―그리고 왕은 모든 일의 처리에 있어서 가장 뛰어난 자를 프로히타에 임명해야 하며 왕은 그의 가르침에 따라 행동해야 한다.[40]

베다에 조예가 깊은 왕과 브라만 이 둘은 세상의 도덕적 질서를 장악한다. ―왕은 베다를 잘 배우고 귀족가문이며 도덕을 갖추고 올바르고 근엄하게 생활하는 브라만을 프로히타로 임명해야 한다. 이 프로히타의 도움으로 왕은 종교적인 의무를 다할 수 있을 것이다. 왜냐하면 베다에 '브라만의 원조를 받는 크샤트리야는 번영하며 재난에 빠지지 않는다.'고 되어 있기 때문이다.[41]

위에 인용된 『수트라』에 의하면 왕은 브라만 출신으로 베다에 조예가 깊은 자를 프로히타로 임명해야 하며, 이들의 도움으로 강력한 왕권을 형성할 수 있고, 국가의 번영도 꾀할 수 있으며, 왕으로서의 임무도 완수할 수 있다고 한다. 또한 사제관의 임명 기준은 가문이 뛰어나고 베다에 조예가 깊은 브라만이어야 한다고 강조하고, 관리의 임명 기준으로 왕에 대한 충성심은 거론되지 않고 있다. 『수트라』와 마찬가지로 『아르타사스트라(Artha-sastra)』에도 '고귀한 가문에서 태어나 세

---

39) *Vasistha Dharmasutra* ⅪⅩ 1-4(S. B. E. vol.14, p.96).
40) *Baudhayana Dharmasutra* 1.10.18.1-8(S. B. E vol.14, pp.199-200).
41) *Gautama Dharmasutra* Ⅷ, Ⅺ(S. B. E. vol.2, p.214, pp.235-236).

력이 있고 학식이 높으며 현명한 자를 프로히타로 임명해야 한다'[42]고
되어 있다. 뿐 아니라 『자타카』에도 사제관(prohita)들은 거의 사제관
가문에서 태어난 사람들이 담당하고 있다.[43] 프로히타의 성격이나 역
할에 관한 연구는 비교적 많이 되어 있는 편인데 그 가운데 Altekar의
견해를 정리해 보면 다음과 같다.

① 왕이 통치할 수 없을 때는 프로히타가 대신 통치를 맡는다.
② 베다의 제의가 성했던 시기에는 상당한 세력을 형성했다.
③ 우파니샤드, 자이나교, 불교의 성장과 함께 프로히타의 영향력도 점차
  약화 되었다. 그러나 자타카에는 아직 중요한 지위를 차지하고 있었
  던 것으로 나타나고 있다. 그것은 sabbatthaka minister로서 전권을 가지고
  있는 대신(minister)으로 표현되고 있기 때문이다.
④ 이러한 프로히타의 영향력은 점차 약화되어 post-Gupta시기에는 프로
  히타와 대신이 구별되고 있는데, 이것은 프로히타가 더 이상 대신의
  구성원이 아니라고 하는 것을 보이는 것이다. 대개 프로히타는 기원
  후 2세기경부터 대신의 구성원에서 제외되었으나 왕에게 도덕적인 영
  향은 계속 미치고 있다.[44]

엘트카의 견해에 따르면 왕권을 강화시키는 역할로써 상당한 세력을
형성한 프로히타는 불교 자이나교 등의 신흥사상이 발전되는 시기부터
그 세력이 약화되고 있으나 굽타시대까지는 그 세력을 유지하고 있었
던 것으로 볼 수 있다. 티파(Thapar)는 '브라만의 특권적인 우선권이 당
연한 것으로 받아들여져서 『아르타사스트라』 2.28에는 국가 경영과 관
련하여 프로히타의 지도적 역할이 강조되고 있다.'[45]고 하여 프로히타

---

42) Kangle, Ibid, pp.11-12(Arthasastra 1.5).
43) *Jataka*, 경번호 163, 214, 218, 223 등에서 '왕의 성사와 속사에 관한 자문을
   담당'하는 관리인 사제관에는 사제관의 가문에서 태어난 자가 임명되고 있음을
   볼 수 있다.
44) A. S. Altekar, *State and Government in Ancient India*, p.160.
45) Thapar, *Asoka and the Deccline of the Mauryas*, p.56.

가 특권을 갖고 있었다고 보고 있다. 휘크(Fick)는 '세속과 정신적인 면
에서 왕을 인도한다는 표현이 자타카에 되풀이되고 있는데 이들은 항
상 브라만으로 나타난다. 「사타바스타 자타카」에는 브라만 카스트에 이
들이 속하고 있음이 분명히 나타나고 있다. 이들이 담당하는 기능은 자
타카에서는 알 수 없으나 중세유럽의 Chancellor와 비교될 수 있을 것
이다.'[46]라고 하여 프로히타의 계급적인 성격과 역할을 설명하고 있다.

『수트라』에 나타나고 있는 프로히타에 관한 내용과 여러 학자들의
견해를 종합하면, 프로히타는 종교적인 면과 정치적인 면을 담당하는
국가의 최고 관리였으며, 프로히타에 임명되는 자들은 브라만계층의
고귀한 가문출신자들이었고, 형식적으로 왕이 임명하는 것이었으나 실
질적으로는 브라만 계층에서 세습적으로 담당하는 직위였다고 할 수
있다. 이와 같이 왕에 대한 충성심을 바탕으로 하기보다는 가문에 따
라 임명된 프로히타들이 왕권의 조력자로서의 역할을 충실히 할 수 있
기를 기대하기는 어려웠을 것으로 보인다.

붓다시대의 프로히타들이 어떠한 태도로 국가의 문제나 왕의 문제에
대하여 임하고 있는가 하는 것은 다음과 같은 『자타카』의 내용을 통하
여 살펴볼 수 있을 것이다.

　　코살라 국왕 프라세나짓이 10가지의 꿈을 꾸고 불안하여 브라만 사제들
에게 꿈 이야기를 하자, 브라만들은 나쁜 꿈이라고 하며 거리마다 공양식
(희생제)을 올려야 한다고 했다. 이에 왕은 사제들의 말을 따라 제를 올리
겠다고 하자 브라만들은 "우리는 많은 돈을 벌고 많은 음식을 먹게 되었
다."고 기뻐했다. 브라만들이 왕에게 갖가지 것을 요구하기 위하여 드나들
자 왕비는 그 이유를 묻게 되었고, 왕의 꿈 이야기를 들은 왕비는 붓다에
게 찾아가 의논하자고 권유했다. 이에 왕은 붓다에게 해몽을 부탁하기로
하였다. ―왕이 꿈에 관하여 이야기 하자 붓다는 그 꿈은 장차에 일어날
일이기 때문에 지금 걱정할 바가 아니라고 하며 "대왕님 지금부터는 브라

46) Fick, Ibid, p.144.

만들과 어울려 짐승을 죽여 공양하는 일 따위는 하지 마십시오."하고 말하였다.[47]

사제들은 왕들의 자문을 자신들의 재력과 세력 확대에 이용하고 국가적인 문제와 왕들의 장래에 관하여는 크게 관심을 두지 않았다. 이러한 사제관의 관여 하에서 살생이 따르는 무의미한 희생제가 계속되었기 때문에, 재정적인 문제의 발생과 더불어 왕들이 사제를 불신하는 상황이 일어나게 되고[48] 왕들이 이들 세력을 극복하고자 노력하게 된 것은 당연한 것이라고 할 수 있을 것이다. 왕들이 프로히타를 왕의 의지에 따라 임명하려고 노력하고 있는 면의 예를 자타카의 여러 곳에서 찾아볼 수 있다. 「나나챤다 자타카」에서는 왕이 무능력한 프로히타를 파면하고 능력 있는 자를 등용하는 예를 볼 수 있다.

어느날 왕은 시내를 둘러보기 위하여 변장을 하고 거리를 걷고 있었다. 그런데 술을 마신 도적들이 왕을 때려눕히고 겉옷을 빼앗아 갔다. 이때 원래 부왕의 사제관이었다가 직업을 잃고 빈곤해진 브라만이 있었는데 밤에 별들을 보고 왕에게 일어난 일들을 알게 되었다. 부왕의 사제관이었던 자가 그의 아내에게 '왕에게 일어난 일'에 대하여 말하고 있을 때, 왕은 근처를 지나다가 이들이 하는 말들을 듣게 되었다. 궁에 돌아온 왕은 브라만들을 불러 "전날 밤 별을 보니 어떠하던가?" 하고 물었

---

47) *Jataku* vol.Ⅰ, p.187(경번호 77, 「마하수삐냐자타카」) 이와 비슷한 내용이 *Jataka*, 경번호 314의 「로하쿰비자타카」에도 있다.

48) *Jataka, vol.*Ⅴ, p.68(경번호 542, 「칸다하라 자타카」)에는 브라만 사제계층이 얼마나 사리사욕을 추구하고 그로 인해 사회적인 불신을 받고 있다는 것이 잘 나타나 있다. 그 내용을 요약하면 다음과 같다. '칸다하라(Khandahala)라고 하는 브라만은 왕의 성사와 속사의 고문을 맡은 프로히타였다. 왕은 그를 현명하다고 생각하여 재판을 담당하게 하였는데 그는 뇌물을 좋아하여 뇌물에 따라 재판을 하는 사람이었다. 뇌물을 주고도 재판에 패한 사람이 억울함을 왕자에게 고하자 왕자는 다시 공정하게 재판을 하여 이 사람이 승소했음을 말하였다. 이 일이 있은 후 왕은 왕자에게 재판을 담당하게 하니 칸다하라의 수입은 끊기게 되었다. 그 뒤로 칸다하라는 왕자에게 원한을 품게 되었다.'

다. 모든 브라만들은 전날 밤 왕이 도적에게 붙잡혔다가 풀려난 것을 알
지 못하고 "편안한 밤이었습니다."라고 말했다. 이후 왕은 부왕 때의 사
제관을 불러들이고 다른 사제관들을 면직시켰다.[49]

이 경에서 보이고 있는 것은 무능한 사제관에 대한 파면과 능력자
의 등용이다. 이것은 사제관의 직위가 단순히 세습될 수 있는 것이 아
니라 능력 있는 자에게 맡겨져야 한다는 현재등용의 태도이며, 지금까
지 프로히타의 세습적 지위를 인정하던 왕과는 다른 태도를 취하고 있
는 것이다. 그러나 왕의 뜻에 따른 사제관의 임명이 쉽지는 않았다.
그러한 예를 『자타카』에서 살펴볼 수 있다. 다음은 「체티야 자타카」의
요약이다.

　　왕에게는 카필라(Kapila)라고 하는 사제관이 있었으며 사제관의 동생은
코라카람바(Korakaramba)였다. 코라카람바는 왕과 동문수학한 친구였는
데 왕이 왕자로 있을 때, 왕위에 오르면 사제관의 직위를 주기로, 코라
카람바에게 약속했으나 왕자는 왕위에 오른 뒤에도 부왕의 사제관을 폐
할 수 없었다. 사제관인 카필라는 왕이 자신을 꺼리는 것을 알고 사제관
의 자리를 아들에게 물려주고 출가하려고 했다. 이때 왕은 코라카람바를
사제관에 앉히려고 했으나 사제관의 자리는 원래 아버지로부터 아들에게
로 물려지는 것이었기 때문에 불가능했다. ―그래서 왕은 카필라가 코라
카람바의 형이었음에도 불구하고 코라카람바를 형이었다고 거짓으로 우
겨 형과 아우를 바꾸고, 코라카람바를 사제관에 임명하려고 했다. 그러나
왕은 그 거짓말로 인하여 권력을 잃게 되었다.[50]

위의 예는 능력 있는 자를 등용하여 사제관에 임명하려고 하였던
것은 아니었다. 왕이 그와 가까운 자를 사제관에 임명하려고 한 것이
었지만 그 결과는 왕의 뜻대로 이루어지지 않았다. 사제인 브라만계층

---

49) *Jataka vol.* II, p.290(경번호 289, 「Nanacchanda Jataka」).
50) *Jataka vol.* III, p.271(경번호 422, 「Cetiya Jataka」).

의 도움으로 절대적 왕권을 장악하게 된 왕들이었으나, 왕권과 사제계
층과의 이해관계가 항상 일치하는 것은 아니었으며 점차 갈등이 빚어
지게 되었음을 보여주는 것이다. 그러므로 절대적인 왕권을 강화시키
고자 했던 왕들에게 있어서 이 사제관이라고 하는 직위가 장애가 되고
있었으며 이 시기의 왕이 가질 수 있는 권력의 한계를 보이고 있는
것이다. 필자는 이러한 측면이 당시의 왕들이 불교를 받아들이게 된
요인이었던 것으로 본다. 즉 브라만 사제와 왕의 관계가 왕권의 강화
와 브라만세력의 확대라고 하는 상호 의존적인 관계를 갖고 있었을 때
에는 필수 불가분의 관계에 있었지만 왕권이 강화되어 사실상 사제의
직위가 왕권 확대의 장애 요소로 등장하고 있기 때문에 왕들은 이들
세력의 극복을 위해 브라만교 이외의 신흥사상에 관심을 갖게 되었다
고 할 수 있을 것이다.

(2) 군주권 강화와 평등사상

앞에서 살펴본 바와 같이 왕권과 브라만 사제 세력 사이에는 점차
갈등이 빚어지게 되었고, 이러한 갈등은 각 국가의 왕들이, 브라만 사
상을 벗어난, 새로운 종교 사상에 관심을 갖게 하는 계기가 되었으며,
이러한 배경 하에서 불교를 받아들이게 되었다. 그러면 붓다시대의 왕
들이 불교를 받아들이고 있는 태도는 어떠한 것이었는가 하는 것을 본
소절에서 살펴보기로 하겠다.

『잡아함』에는 코살라의 프라세나짓왕이 많이 등상하는데, 붓나와 프
라세나짓왕이 나누고 있는 대화의 주제는 고와 락에 대한 것[51], 보시
에 관한 것[52], 윤회에 대한 것[53], 탐욕에 관한 것[54], 선업과 악업에 관

---

51) 『잡아함』 1권, p.511(경번호 485, 「우타이경」).
52) 『잡아함』 3권, p.217(경번호 1145, 「복전경」).
53) 『잡아함』 3권, p.219(경번호 1146, 「명명경」).
54) 『잡아함』 3권, p.225(경번호 1149, 「칠왕경」); 3권, p.352(경번호 1231, 「탐리경」);
    3권, p.353(경번호 1232, 「간경」); 3권, p.355(경번호 1233, 「명종경」).

한 것55), 방일하지 않는 것56), 믿음에 관한 공덕57), 생로병사에 관한
것58) 등의 교리적인 것과 프라세나짓왕의 비만증에 관한 것59) 등의
지극히 개인적인 문제 등이며, 국가적인 문제를 논하고 있는 것은 아자
타사트루왕을 생포하여 놓아주었다는 것을 붓다에게 고하고 있는 「전
투경」60)뿐이다. 그런데 이것도 국가적인 문제를 생각하여 이와 같이
한다고 하는 것이 아니라 '아자타사트루의 아버지인 빔비사라왕과의
깊은 친분을 생각해서 그렇게 하려고 한다'는 것이었다. 이와 같이 왕
들의 불교에 대한 관심은 정치 이론적인 면이라기보다는 다분히 개인
적인 측면을 갖고 있다. 왕의 개인적인 관심이 국가 통치와 별개의 문
제라고는 볼 수 없을 것이나 당시의 왕들이 불교를 국가의 통치 이념
으로 수용하고 있지는 않다는 것은 인정되어야 할 것이다. 그러면 왕
들이 불교를 국가 통치 이념으로 수용하지 못한 이유는 무엇인가. 첫
째 당시의 시대적인 상황이 불교 정치사상을 수용하기 어려운 상태였
다고 하는 것이다. 붓다시대 이래 마우리아제국 성립 시대까지 왕들의
주요 관심은 열국 체제 하에서 국가의 유지와 영토의 확장을 위한 왕
권의 강화에 있었으며 또한 전쟁이라고 하는 피할 수 없는 현실적인
문제를 안고 있었다. 그러므로 불교에 귀의한 코살라의 프라세나짓왕
도 많은 동물의 살생을 동반하는 브라만교의 의식인 아슈바메다와 바
쟈베야제를 거행하여61) 강력한 왕권을 과시했으며, 마가다의 아자타사

---

55) 『잡아함』 3권, p.384(경번호 1228, 「자념경」); 3권, p.350(경번호 1229, 「자호경」).
56) 『잡아함』 3권, p.351(경번호 1230, 「재리경」); 3권, p.361(경번호 1238-39, 「불방
    일경」).
57) 『잡아함』 3권, p.357(경번호 1234, 「사사경」).
58) 『잡아함』 3권, p.364(경번호 1240, 「삼법경」; 3권, p.346(경번호 1227, 「모경」).
59) 『잡아함』 3권, p.227(1150, 「천식경」).
60) 『잡아함』 3권, p.359(경번호 1236-37, 「전투경」).
61) *Sanutta nikaya* vol.1, p.78-85. 이러한 면 때문에 프라세나짓왕이 불교신자였는
    지 확실치 않다고 보는 학자들도 있으나 불교경전에 등장하는 왕들 가운데 프
    라에나짓왕이 가장 빈번히 언급되고 있는 면을 본다면 결코 불교신자가 아니
    었다고는 볼 수 없다.

트루왕은 주변국들을 침공하여 카시와 밧지연합 등을 정복했고[62] 코살
라와도 수차례에 걸친 전쟁을 했다. 코살라의 프라세나짓왕의 아들인
비두다바(Vidudabha, 毘流離)왕도 붓다의 고향인 사카국의 수도 카필
라(Kapila)를 붓다의 만류에도 불구하고 점령했다.[63]

　이와 같이 붓다시대는 전쟁이 확대되고 있던 시기였으며 무력에 의
한 약육강식의 논리가 지배하는 시대였다. 그래서 전쟁에서 일어나고
있는 참담한 사회적 현실을 목격한 일반의 백성들이나 국가의 지배자
들도 무력에 의하지 않고 평화를 유지할 수 있기를 희망했으나 약육강
식의 논리가 지배하고 있는 국가 간의 현실은 무력에 의하지 않고는
생존이 불가능했다. 이 때문에 붓다시대의 왕들은 불교의 '법(dharma)
에 의한 통치'를 통하여 통일을 지향하기보다는 무력에 의한 통일을
추구하게 되었다. 이러한 시기 강대국 왕들의 영토 확장 욕구가 어떠
한 것이었는가 하는 것은 다음과 같은 경전에서 엿볼 수 있을 것이다.

　　존자 라타파알라(Ratthapala)와 쿠루(Kuru)국의 왕이 대화를 나누었다.
"대왕이여 대왕에게는 풍성한 쿠루국과 후궁과 풍성한 창고가 있습니
까?" 하고 라타파알라 존자가 묻자 왕은 그러하다고 대답하였다. 그런데
"만일 이와 같이 풍성한 쿠루국을 갖고 있지만 동방의 국토가 풍성하고
즐거워 인민이 많다고 하며 그곳의 인민과 부역을 얻을 수 있다면 그
나라를 얻어 거느리고자 하겠습니까?" 하고 묻자 "쿠루국이 풍요롭고 풍
성한 창고가 있지만 동방의 그 나라를 얻고자 할 것이며 또한 남방, 서
방, 북방에 그러한 나라가 있다면 그것을 모두 얻어 거느리고자 할 섯입
니다."라고 왕은 답했다. 이에 라타파알라는 '이와 같이 세상은 만족할
줄 모르고 싫증을 낼 줄 모르는 욕심 때문에 분주하다.'는 붓다의 말씀

62) 『중아함』, 경번호 142, 우세경; *Digha nikaya* 2권, pp.78-82, 「Maha Parinibbana
　　Suttanta」 등에서 브리지국은 7가지의 쇠하지 않는 법을 지키고 있으므로 브리지
　　의 연합 상태를 붕괴시키지 않는 한 아자타사트루의 무력으로도 정복되지 않을
　　것이라고 했는데 이후 아자타사트루는 브리지 연합의 내적 결합을 붕괴시켜 정
　　복에 성공했다.
63) 『증일아함』 26권.

을 전하고, 존자는 그러한 것을 깨달았기 때문에 출가하여 수행한다고 말했다.[64]

위에 언급한 경전에서는 왕의 기본적인 속성이 영토를 확장하는 데 있음을 보여주고 있는 것이다. 이러한 왕의 속성으로 인하여 전쟁과 고통이 끊이지 않는 것임으로 붓다는 이러한 집착과 욕심을 버리고 자국의 풍요와 인민들에게 만족할 줄 아는 왕이 되어야 한다고 가르치고 있다. 그러나 왕권 강화라고 하는 과제와 열국 체제 속에서 생존해야 하는 군주들로서는 불교가 주장하고 있는 정법주의를 국가의 지배 이념으로 받아들이기 어려웠을 것이다.

둘째는 군주들이 불교의 정치사상을 수용하기 어려운 시대였을 뿐 아니라 불교 역시 국가 정치에 적극적으로 참여하려 하지 않았다. 그 예로서『잡아함』의「왕력경」과『증일아함』의「선악품」을 들 수 있다.

붓다가 왕사성(Rajagrha)의 죽림정사에 머무르고 있었다. 이때 많은 비구들이 모여 '프라세나짓왕과 빔비사라왕 가운데 누가 더 세력이 있고 부자인가' 하는 것을 논하고 있었는데 붓다는 이 말을 듣고 "왕 가운데 누가 더 세력이 있고 재물이 많은가를 논하지 말라. 이러한 것은 이치와 법과 범행 그리고 깨달음에 아무런 도움이 되지 않는다. 오직 고, 집, 멸, 도의 진리를 깨달아야 한다."라고 말했다.[65]

여러 비구들이 모여 '슈라바스티는 궁핍하며, 마가다는 아쟈타사트루왕이 비법으로 나라를 다스리고 있고, 쿠루국은 풍요로우나 왕이 사납고 자비심이 없다. 코삼비나 바라나시에는 왕이 불심이 깊으므로 그 곳에서 걸식을 하자'고 했다. 이 이야기를 들은 붓다는 '왕이 다스리는 나라를 칭찬하거나 비방하지 말라. 또 왕의 우열을 말하지 말라'고 하며 나라 일을 비판하는 것은 번뇌를 일으켜 열반을 얻을 수 없다고 했다.[66]

---

64)『중아함』, 경번호 132,「뇌타화라경」.
65)『잡아함』, 경번호 413,「왕력경」.

뿐만 아니라 수행자들이 왕궁이나 왕과 가까이 하면 10가지의 비법
이 생긴다고 경계하고 있으며67) 왕의 관리를 출가시켜서는 안 된다는
『사분율』의 규정도 있기 때문에68) 불교 교단은 국가 정치에 관여하거
나 밀접한 관계를 가지려 하지 않았던 것으로 볼 수 있다. 그러므로
무력과 살생을 동반하는 전쟁에 반대하고 평화를 지향하는 불교의 정
치 사상은 강대국들이 할거하고 있는 붓다시대의 통치 이념으로 받아
들여지기 어려운 것이었으며, 불교 교단 역시 정치와 밀접한 관계를
가지려 하지 않았기 때문에 붓다시대의 국왕들이 불교를 적극적으로
수용하지 못하고 있는 것으로 볼 수 있다.

그러면 붓다시대의 왕들이 불교의 정치 사상을 국가의 중심 사상으
로 적극적으로 수용하지 않으면서도 불교를 받아들이고 있는 것은 어
떠한 이유에서인가. 이 시기 왕들은 국가의 생존을 위해 전쟁에서 이
겨야 한다는 최대의 과제를 갖고 있었다. 이러한 과제를 효과적으로
해결하기 위해 왕들은 왕권을 강화시키고, 한편으로는 왕권 강화의 뒷
받침이 될 수 있는 경제력을 확보하려 했을 것이다. 왕권 강화의 과제
를 해결하려는 왕에게 가장 커다란 장애가 되고 있었던 것은 브라만
세력이었다. 브라만들은 계급론을 바탕으로 크샤트리야 출신의 왕보다
상위에 속하는 계층으로 자리 잡고 있어서 왕권의 지배 범위 밖에 머
물려 했으며69), 앞서 살펴본 바와 같이 왕권 강화와 더불어 세력을 확
대시킨 브라만 사제들은 인민에 대한 지배권을 왕과 공유하려고 함으
로써 왕권 확대를 제약하게 되었다. 이러한 브라만 세력을 극복하기
위해서는 브라만 중심의 계급론을 극복할 필요가 있었다. 그러므로 왕
들은 계급론을 부정하고 있는 불교의 평등사상에 관심을 갖게 되었으

---

66) 『증일아함』 43권, 「선악품」; 『잡아함』, 경번호 411, 「논설경」에서도 출가 수행자
　가 국가의 정치적 상황을 논하고 검토하는 것을 금하고 있다.
67) 『증일아함』 제42권, 「결금품」.
68) 『사분율』 2권, p.403, 「계를 받는 법」.
69) *Gautama Dharmasutra* 11.1(S. B. E. vol.Ⅱ, p.234)에는 '왕은 브라만을 제외한
　모든 것의 주다.'라고 되어 있다.

며70), 평등사상을 바탕으로 브라만 세력을 극복하고 인민에 대한 지배
권을 왕에게로 일원화시켜 왕권을 강화시킬 수 있을 것으로 기대했기
때문에, 왕들이 불교에 관심을 갖게 되었던 것으로 볼 수 있다. 한편
으로 왕권을 강화하기 위해서는 국가의 경제력을 확보할 필요가 있었
고 이 때문에 왕들은 경제력을 가진 상인 세력을 포용하려 했을 것이
다. 상인계층의 성장과 계급적인 성격에 대하여는 본 연구의 4장에서
언급될 것이기 때문에 여기서는 이들 세력의 형성과 왕이 불교를 수용
하게 된 면에 한하여 간략히 검토하기로 하겠다.

경제적인 변화와 더불어 농업생산도 증가하고 상업이 발전하여 잉여
가 창출되게 되었으나, 브라만의 세력 확대와 더불어 일상생활에 복잡
한 의례가 발달함으로써 창출된 잉여가 비생산적인 의례에 소비되어,
잉여의 축적이 불가능하게 되었다.71) 그러므로 왕과 상인 계층은 비생
산적인 의례행위를 부정적으로 보게 되었으며 이러한 의례의 극복을
위하여 왕과 상인계층 모두 새로운 사상의 필요성을 절감하게 되었다.
뿐만 아니라 상업의 발전과 함께 부를 축적하고 국가 경제에 미치는
영향력이 증대되면서 경제력을 가진 부유한 상인들을 중심으로 상인계
층의 사회적 세력이 확대되고 있었으나 상인들은 주로 바이샤 계층으

---

70) 中村元은 『インド古代史 上』, p.182에서 '이 시기의 군주들에게서는 종래의 계
급제도를 적극적으로 유지하려고 하는 의욕이 보이지 않는다. 오히려 반대로
계급제도의 타파를 주장하는 종교인 불교와 자이나교를 원조하고 옹호하고 있
다. 종래의 씨족제적인 사회구성으로부터 이탈하여 새로운 국가체제를 확립하
기 위해서는 새로운 종교에 의한 사상적 기초를 바탕으로 확신을 얻을 필요가
있었을 것이다.'라고 하여 불교사상의 수용이 계급제 극복과 무관하지 않다고
보고 있다.

71) Thapar는 『국가의 기원과 전승』, p.46에서 왕에게 바쳐진 공납은 의례에서 소
모되어 브라만들에게 주어졌다고 하며, p.89에서는 경제적 잉여들이 제사에 필
요한 공양물로 소비되었다고 한다. 그리고 p.153에서는 상업의 발달과 상인세
력의 이데올로기에 대한 왕의 지지로 상인세력의 지위가 높아지게 되고 이후
희생제를 위한 공납 기록이 현저히 줄어 들었다고 했다. 이러한 것을 종합하면
의례에서의 소비가 잉여축적을 저해하고 이것을 인식하게 된 왕과 상인계층은
점차 의례행위를 부정적으로 보게 되었던 것으로 볼 수 있다.

로서 브라만 이념 하에서는 하층의 생산 계층으로서 차별되고 있었다. 잉여가 브라만들이 행하는 의례에 소비되고, 실질적인 능력을 갖고 있음에도 불구하고 브라만들의 신분제로 인하여 차별되고 있었기 때문에, 상인계층은 계급론을 부정하며 평등을 설하고 있는 불교에 관심을 갖게 되었고, 점차 불교의 중심 세력으로 자리 잡게 되었다. 이러한 상인계층을 포용할 필요가 있었던 왕들은 상인 계층에게 영향을 미치고 있는 불교에 관심을 갖지 않을 수 없었을 것이다.

그러므로 왕들이 불교에 관심을 갖게 된 것은, 정치적인 면에서 왕권이 미치지 않는 브라만 세력의 존재와 최고 관직인 프로히타의 왕권에 대한 제약을 극복하여 왕에게 절대적으로 충성할 수 있는 관리를 등용하고자 하는 욕구와, 경제적으로는 상인 계층을 포용해야 하는 필요성 때문이었으며, 이러한 왕들의 목적을 달성하기 위해서는 브라만들의 계급론은 극복되어야 할 과제였을 것이다. 이 때문에 왕들은 브라만 왕권 사상을 바탕으로 왕권에 신성을 부여하는 아슈바메다 등의 의례를 행하면서도 한편으로는 평등사상을 중심으로 하는 불교에도 관심을 가졌던 것이며, 따라서 왕들이 받아들이고 있는 불교사상은 정치 이론적 측면보다는 불교가 갖고 있는 평등사상이었다고 하는 것이 필자의 견해이다. 왕들이 평등사상에 관심을 갖고 있었기 때문에 불전에 왕들을 대상으로 하고 있는 평등에 관한 이야기가 자주 등장하는 것으로 생각된다. 일체지경에서는 프라세나짓왕이 붓다에게 "크샤트리야, 브라만, 바이샤, 수드라는 차별이 있는가." 하는 물음에 "이들이 모두 해탈에 이르면 차별이 없다."고 말하고 있다.[72] 또 복전경에서도 붓다는 프라세나짓왕에게 "전장에 나아가 싸울 때 브라만이 용맹히 싸우고 크샤트리야, 바이샤 수드라가 용맹하면 모두 상 받을 가치가 있는 것인가."[73] 하는 질문으로 왕에게 사성이 평등함을 인정하게 하고 있으며, 마투라경에서도 존자가 "사성은 현재의 직무에 따라 구별되는 것

---

72) 『중아함』 3권, p.370(경번호 212, 「일체智경」).
73) 『잡아함』 3권, p.217(경번호 1145, 「복전경」).

이며 출생에 의하여 인간이 구별되는 것이 아니므로 사성은 평등한 것
이다."[74]라고 마투라왕에게 설명하고 있다. 이러한 것들은 왕들이 평등
에 관한 문제에 관심을 갖고 있었다고 하는 것을 뒷받침해 줄 수 있
는 것이라고 본다. 그래서 붓다시대의 왕들은 전면적으로는, 절대적인
왕권 사상을 갖고 있으며 왕권에 신성을 부여함으로써 왕권을 강화시
켜 줄 수 있는, 브라만교를 받아들여[75] 절대적인 왕권을 장악하고자
했으며, 다른 한편으로는 왕권을 더욱 강화하기 위하여 모든 계층과
종족을 포용할 수 있는 불교의 평등사상을 받아들이고 있다고 할 수
있다. 이러한 측면으로 붓다시대의 왕들이 불교를 받아들이고 있기 때
문에, 붓다시대로부터 마우리아제국에 이르는 시기까지, 불교는 국가의
지배이념으로는 발전하지 못하고, 왕권 강화를 위한 최대의 효과를 기
대하였던 왕들에 의하여, 평등사상을 중심으로, 불교가 일부 수용되고
있었던 것으로 이해되어야 할 것이다. 불교가 국가의 지배 이념으로
전면적으로 나타나게 되는 것은 강대국의 쟁패 과정이 마무리되어 통
일 제국이 형성되는 아쇼카왕 시대라고 할 수 있을 것인데 이에 대하
여는 본 연구 6장에서 다루어질 것이다.

본 장에서는 브라만교와 불교의 왕권 사상 그리고 불교가 왕권에
강화에 미친 영향 등에 대하여 살펴보았다. 브라만교의 왕권사상은, 왕
권의 형성과정에서 신의 능력이 부여되었다고 봄으로써 왕과 신은 불
가분의 관계에 있는 것으로 보고 있으며, 다른 국가와의 전쟁을 승리
로 이끌어야 한다는 군사적인 직무를 왕의 기본적인 직무로 보고 있기
때문에, 왕은 전사 계층인 크샤트리야 출신이다. 그러나 불교의 왕권

---

74) 『잡아함』 2권, p.67(경번호 548, 「마투라경」).
75) 아자타사트루왕은 불교에 귀의했지만 브라만 출신인 바사카라(Vassakara)를 프
로히타로 두고 국가 중대사에 대하여 자문을 구했다. 또한 빔비사라와 프라세
나짓왕 등 불교에 귀의한 강대국의 왕들도 브라만 사제인 프로히타를 임명하
여 국가 정치에 중요한 일을 담당하게 했으며 브라만교의 왕권 강화 의식인
아슈바메다와 바자베야를 거행하였던 것으로 보아 왕들은 브라만교를 포기하
지 않은 상태로 불교에 귀의하고 있는 것으로 보인다.

사상에 있어서는, 왕권의 형성 과정에서 신이 개입되어 있지 않으며, 왕의 직무로서는 인민의 욕심 제어, 사유재산으로 인한 갈등의 조정자로서의 역할이 중시되고 있다. 이러한 왕권 사상을 바탕으로 하여 브라만교의 정치사상은 절대적인 군주권을 인정하는 사상으로 발전했으며 불교는 비록 전륜성왕이라고 하는 이상적 군주상을 갖고 있기는 하지만 절대적 왕권을 인정하는 면이 미약했고, 군주국보다는 공화제 국가에 더 적합한 정치사상으로 발전했다. 그런데 붓다시대는 영토국가들이 제국으로 향하는, 대변혁의 시대로써 군주권이 강화되는 시기였기 때문에 불교적 왕권사상보다는 브라만교의 왕권사상이 적합한 시기였다. 그렇기 때문에 각 국의 왕들이 브라만교의 정치사상을 바탕으로 왕권강화를 위한 제의를 거행하는 등으로 정치사상적으로는 브라만교가 국가의 중심사상으로써의 역할을 담당하고 있었다. 그러나 한편으로 왕들은 불교에도 관심을 갖게 되었는데 그것은 정치사상으로서보다는 왕권 강화를 위한 평등사상을 중심으로 일어난 것으로 볼 수 있다. 붓다시대 이래 마우리아제국에 이르는 과정에서의 왕권강화는 몇 개의 단계를 거친 것으로 볼 수 있는데 이를 도식적으로 표현하자면 첫 단계에서는 브라만 왕권 사상을 바탕으로 왕권을 신성화하여 절대적 왕권을 장악했고 동시에 브라만 세력도 확대된 것으로 볼 수 있다. 두 번째 단계에서는 확대된 브라만 세력이 왕권의 확대를 제약하게 됨으로써 왕들은 브라만 세력과 갈등 관계를 갖게 되었으며 이를 극복하기 위해 세 번째 단계에서는 왕들이 새로운 사상에 관심을 깆게 되었고 평등사상을 중심으로 불교사상을 수용하게 되었다. 이 세 번째 단계에서 왕들이 불교에 관심을 갖게 된 것은, 불교의 정치사상을 중심으로 일어난 것이기보다는 브라만 사제 계층과의 갈등, 브라만 세력이 확대되면서 제의가 복잡하게 발전함으로써 잉여가 비생산적인 의례에 소비되는 경제적 문제의 발생, 그리고 상인 계층의 신분적 갈등과 불교 지지 등을 배경으로 하여, 브라만교의 계급론을 극복하고자 한 때문이었으며 브라만교의 왕권 사상을 포기하고 불교적인 정치사상을 받아들이고 있는 것은 아니라고 할 수 있다. 그러므로 브라만 사상을 전면적으로 부정하지는 못하고 정치사상으로서는 여전히 브라만 사상이 국가의 중심 사상으로 자리 잡고 있었으며, 모든 인민에 대한 지배권을 장악하여 왕권을 일층 더 강화하고자 하는 왕들이 평등사상을 중심으로 불교를 받아들이고 있는 시기라고 할 수 있을 것이다.

이러한 도식적 표현으로 왕권 강화를 위한 노력의 단계를 기술한다는 것은 문제가 있을 수 있으며 이러한 단계를 연대적으로 분리하는 것은 어려운 일이나 붓다시대로부터 마우리아제국에 이르는 시기까지의 왕권 강화를 위한 노력과 불교의 수용을 이해하는 데 도움이 될 수 있기 때문에 이렇게 도식화한 것에 지나지 않음을 언급해 둔다.

붓다시대로부터 마우리아초기까지 불교사상이 정치적으로는 크게 영향을 미치지 못한 것은, 중국사에 있어서 제자백가시대에 유교가 심리적으로 많은 사람들에게 영향을 미치기는 했으나, 이 시기의 국가지배 이념으로 받아들여지지 않았던 것과 비슷하다. 강대국들은 법가 사상을 바탕으로 변법을 단행하고, 변법에 성공한 진에 의해 중국이 통일되는 것에서 보이는 바와 같이, 약육강식의 논리가 작용하고 있는 시대에는 윤리적 성격이 강한 유고가 국가의 중심사상이 되기에는 부족했던 것이다. 진이 천하를 통일하고 통일국가가 된 이후 한대에 이르러 유교가 국교화 될 수 있었던 것에서 볼 수 있듯이 윤리적 통치원리는 국가의 과제가 대외적인 관심에서 내적인 질서를 확립하는 것으로 변화된 시기에 적절한 사상이라고 할 수 있다.[76] 그와 같은 상황을 인도 고대사에 투영해 본다면 4국시대의 진행과 생존을 위한 국가 간의 치열한 전쟁 과정에서 보이는 참혹한 현실이라고 하는 시대적 배경은 춘추전국시대와 크게 다르지 않을 것이다. 이러한 면에서 강력한 군주권을 인정하고 왕권을 신권과 연계시키고 있는 브라만교의 왕권사

---

76) 이성구, 「춘추전국시대의 국가와 사회」, 『강좌중국사』 1권(서울: 지식산업사, 1989), pp.121 이하; 이춘식, 『중국고대사의 전개』(서울: 신서원, 1992), pp.163 이하 참고.

상과 정치사상이, 왕권을 강화하여 인민에 대한 지배권을 장악하고 그것을 바탕으로 강대국과의 총력전을 치러야 하는 붓다시대의 국가들에게 있어서는, 필요한 지배한 이념으로 인식되었을 것이다.

브라만교에서는 통치를 위해 혹은 국가의 존위를 위해 전쟁에서의 살생은 정당한 것으로 인식되고 있으며, 무력에 의한 타국의 지배를 인정하고 있으나, 불교에서는 무엇보다도 불살생을 강조하여 군주는 스스로 살생을 행하지 말아야 할 뿐 아니라 타인에게도 살생을 하게 해서는 안 된다[77]고 하는 사상을 보임으로써 변혁 시대의 국가 이념으로 받아들여지기 어려웠다. 이 때문에 브라만교의 정치 이론이 국가 지배의 중심 사상이 되었던 것이다. 그러나 브라만교를 정치이념으로 하여 왕권을 강화하는 가운데 왕권과 함께 브라만 계층의 세력이 확대됨으로써 이들 세력의 극복이라고 하는 것이 또 다른 과제로 등장했기 때문에 각국의 왕들은 내면적으로는 평등사상을 중심으로 하여 불교사상을 수용하지 않을 수 없었던 것이다.

강대국들이 쟁패를 거듭하고 있는 시대의 국가사상으로 미흡하였던 불교는 마우리아에 의해 통일 제국이 형성된 후 아쇼카왕 시대에 이르러 국가적 관심이 '내적 통치질서의 확립'이라는 문제로 변화되자 비로소 국가의 중심 사상으로 등장할 수 있게 된다.

---

77) 『사분율』 1권, pp.383-387(15. 48; 15. 50)에서는 비구에게 전쟁을 구경하는 일이나 군대를 보러 가는 일 등도 금하고 있다.

Ⅳ. 불교의 사회적 기반

불교의 성립 시기는 사상적으로 육사외도와 불교 자이나교 등이 발전하는 변화의 시기였을 뿐 아니라 정치적으로는 앞장에서 언급한 바와 같이 4국시대로의 이행과 더불어 왕권이 강화되어 가는 시기였다. 아울러 경제적으로도 많은 변화가 일어난 시기였는데 이 경제적인 변화는 농업 생산의 증가와 이를 바탕으로 한 상인 세력의 성장을 주요 배경으로 하여 일어났다. 본 장에서는 붓다시대 이후 상인 계층의 성장과 이들 계층과 불교와의 관계를 중심으로 살펴보고 농업 생산 계층에 대하여는 장을 달리하여 살펴보기로 한다.

1. 상업의 발달

인더스 문명 시대에 상업이 발달했으나[1] 아리아족이 정착한 이후의 베다시대는 농업과 목축 중심의 사회였다. 이 시대의 농업은 주로 천수농업이었던 것으로 보이며, 관개 농업의 흔적도 약간 볼 수 있다. 베다 시대 말기에 이르면 농업 생산량의 증가와 수공업의 발달을 바탕으로 상업이 발전하여[2] 소규모의 상업 도시가 형성되기 시작했다.

---

1) 인더스 문명 시대에 상업이 발전했다고 하는 것은, 이들 지역에서 출토된 유물 가운데 정연한 비례를 갖춘 도량형 용구들이 있으며 <S. A. Tyler, India: *An Anthro-pological Perspective*(California: Good Year Publishing Company, 1973), p.32> 여러 문양이 새겨진 인장이 발견되고 있다는 것을 근거로 설명되고 있다. 인장(seal)들은 재화의 소유권을 표시하기 위하여 사용되거나(中村元, 『イン ド古代史』 상, p.24) 상인들의 통행증 혹은 상품의 수령증으로 사용(조길태, 『인도사』, p.33)되었을 것으로 추측되고 있다.

2) *Atharva Veda* Ⅲ. 15(S. B. E. vol.42, p.148, merchant's prayer)에는 인드라

이후 상업의 비약적인 발전을 촉진한 것은 철기의 도입이었다. 대개 베다시대 말기 혹은 브라마나 시대로부터 철기의 사용이 시작된 것으로 보고 있다.[3] 철기는 처음에는 주로 활촉이나 창촉 등과 같은 무기에 사용되었던 것으로 보이며, 철기의 사용으로 생산에 변화를 가져온 시기는 기원전 6세기경으로 볼 수 있다. 갠지스 강 중하류 유역의 비옥한 토지와 농업 생산에서의 철기 사용으로 생산이 증가하고 잉여가 축적되면서 다른 지역과의 활발한 교류가 일어났고, 한편으로는 철기의 사용이 교환 수단(화폐)도 발달시켜 상업 발달을 더욱 촉진하였을 뿐 아니라 철 자체가 중요한 교환 상품이 되었다.

철기의 사용으로 상업이 비약적인 발전을 하게 되었고 이와 더불어 교통로도 발달하게 되었다. 『자타카(Jataka)』와 『아함경』 등의 불전에는 당시의 상업적 발전 양상이 잘 나타나 있다. 이 시기 인도 반도 내에서의 교역의 중심은 갠지스 강 주변 지역이었으며 주로 강을 이용한 수로 교역과 육로를 통한 대상 교역이 이루어졌는데 반도 내에는 다음과 같은 중요한 교통로들이 있었다.[4]

① 갠지스 강 중류 지역으로부터 고다바리강(Godavari, 데간고원 부근에 있는 강)과 서남 해안(아라비아해)에 이르는 지역을 연결하는 것,
② 갠지스 강 중류 지역에서 갠지스 하류와 동부 해안(벵골해)을 연결하는 것
③ 갠지스 강 중류 지역으로부터 신두(Sindhu, 인더스강과 아라비아해가

(Indra)에게 악운, 야수, 도적들로부터 보호를 기원하는 상인의 기도가 있다.
3) R.S Sharma, *Perspectives in Social and Economic History of Early India*, p.115 에는 철기시대의 시작을 기원전 700년경으로 보고 있다.
4) Radhakrishuna Chaudhary, *Economic History of Ancient India*, p.155.

만나는 지역)와 인더스 삼각지대를 연결하는 것

④ 갠지스 강 중류 지역에서 인더스 계곡, 간다라 지역(서북 인도 지역)을 연결
하는 것

이와 같은 큰 교통로 이외에도 갠지스 지역의 각 국가들과 상업 도
시들을 연결하는 많은 교통로들이 있었다. 이러한 교통로를 이용해서
대상들은 많은 수레에 물건을 싣고 동에서 서로 이동하면서 교역했
고[5] 지방의 유력한 상인들 중에는 중앙과 연결되어 물품의 판매와 구
입을 중앙의 유력 집단에 의뢰하는 연결망을 갖고 있는 자들도 있었
다.[6] 각 지역 내에서의 상인들은 각기 매매하는 시가를 정하고 이를
할당하여 행상을 하거나[7] 소규모의 상인들은 판매할 물건을 가지고
마을로 다니며 팔기도 했다.[8] 교역 상품들은 직물·곡물·동물의 가
죽·수공업품들이었고 초기에는 물물 교역이 중심이 되었으나 점차 화
폐가 교환의 수단이 되었다. 대외적인 교역은 아라비아 반도와 동남아
시아 그리고 세일론 등과의 해상 무역이나[9] 서방세계들과의 대규모
대상 무역의 형태로 발전했다. 대규모 교역에는 각지의 상인이 집단을
형성하여 참여했고 대표자를 선정하여 무역의 중심인물로 삼았다.[10]
해외 무역 상인들이 인도로 수입한 것들은 금은, 보석, 만호, 금강석
등이었다.[11]

---

5) Jataka vol.5, p.246(경번호 537, 「Maha-Sutasoma Jataka」).
6) Ibid vol.1, p.220(경번호 90, 「Akatannu Jataka」).
7) Ibid vol.1, p.12(경번호 3, 「Serivanija Jataka」).
8) Ibid vol.2, p.14(경번호 155, 「Gagga Jataka」).
9) Jataka vol.2, p.89(경번호 196, 「바라하사 자타카」)에는 500명의 상인들이 배를
타고 가다가 파선하여 세일론에 가게 되는 이야기가 있다. 벵골해를 통한 동남
아시아 여러 나라와의 교역로와 아라비아해를 통한 페르시아 반도와의 해상
교역로 대하여는 Radhakrishna Chaudhary, Ibid, p.104, p.108의 지도를 참고.
10) Jataka vol.4, p.221(경번호 493, 「Mahavanija Jataka」)에는 사위성(Sravasti)에 사
는 상인이 500대의 수레를 몰고 길을 떠나 바라나시 근처의 황무지에서 길을
잃고 헤매는 이야기가 있는데 이 상인들은 여러 나라에서 모여와 한사람을 우
두머리로 하여 재보를 얻으려고 떠난 것으로 되어 있다.

이와 같이 철기의 사용 교통로의 발달 등을 바탕으로 붓다시대를 전후한 시기에는 상업이 비약적으로 발전하게 되었다. 이와 더불어 상인들은 자신들의 이익 보호와 생산과 유통 질서 확립을 위해 스레니 (sreni, guild라고 번역하는 학자들이 많다)를 결성하여[12] 이를 바탕으로 상인 계층들도 성장하게 되었다.

2. 상인 계층의 성장

붓다시대를 전후한 시기에 농업과 상업의 발전으로 생산을 담당하던 계층은 부를 축적하여 경제적 실력자로 성장하게 되었는데, 상업을 바탕으로 성장하여 거대한 부를 장악하고 있던 자들은 세티(setthi)와 가하파티(gahapati)[13]였다. 본 절에서는 이들 계층의 계급적 성격에 대하여 살펴보고 다음 절에서는 이들과 불교와의 관계를 살펴봄으로써 불교의 사회적 기반은 어떠한 계층이었는가 하는 것을 검토해 보고자 한다.

불전이나 브라만교의 문헌들에는 가하파티와 세티 등이 많이 등장하

---

11) Ibid vol.2, p.77(경번호 190, 「Silanisamsa Jataka」). 山崎元一은 『古代インド社會の研究』, pp.190-191에서 해상 교역의 목적은 무엇보다도 금은과 보석류들을 들여오는 것이었다고 말하고 있다.

12) 상업적 동업조합이라고 하는 스레니는 대개 길드라고 번역된다. 브라마나 시대 말기에 이르러 상업이 발전하면서 상인들은 길드와 같은 협업 체제를 필요로 하게 되었다. 이들이 협업 단체를 결성하게 된 것은 상업적 관행과 관습을 수호하고 상업 활동에서의 위험에 효과적으로 대처하고자 하는 것이었으며 <Balram Srivastava, Trade and Commerce in Ancient India(Varanasi: The Chowkhamba Sanskrit Series Office, 1968), pp.211-212>, 나아가서는 가격을 조정하여 이익을 확대하는 데 있었다(Radhakrishna Chaudhary, Ibid, p.147).

13) 영역사료들에서는 가하파티를 house-holder로 세티는 merchant-prince 혹은 treasurer로 번역하고 있으며, 한역경전들에는 가하파티는 거사로 세티는 장자, 호상으로 번역되어 있고 때로는 재무관으로 번역되기도 한다. 본 연구에서는, 영역된 사료들을 사용할 때는 세티와 가하파티라고 하는 용어를 사용하고 한역 사료를 인용할 때에는 장자와 거사로 표기한다.

고 있는데 이들이 어떠한 계층에 속하는가 하는 것에 대하여는 다양한 견해가 제시되고 있다. 기본적인 견해의 차이는 이들 집단을 바이샤 계층에서 상승한 것으로 이해하는가 아니면 상층의 지배 계층이라고 할 수 있는 브라만이나 크샤트리야 출신으로 볼 것인가 하는 데서 비롯된다.

가하파티와 세티의 신분에 관하여 휘크(R. Fick)는 이들을 크샤트리야나 브라만과 같은 상위 계층에서 경제적으로 성장한 자들이라고 보고 있다. 그 근거로는 첫째, 자타카에 표현되고 있는 이들의 부의 표현이 브라만과 같이 8억의 재산을 소유한 것으로 표현되어 있으며 둘째, 가하파티나 세티의 아들이 고귀한 이(kullaputta)로 표현되어 있고 셋째, 세티의 아들이 왕자와 함께 탁실라에서 같은 스승 밑에서 함께 학문을 배우고 있으며 왕자가 왕이 된 후에도 계속 친밀한 관계를 유지하고 있다는 것이며 넷째, 같은 신분의 가문과 결혼하는 등의 혼인 형태와 세티의 신분이 세습되고 있는 점 등을 제시하고 있다.[14] 그러나 휘크의 이러한 견해와는 달리 경제적 세력을 형성한 가하파티나 세티 등을 바이샤의 상층부로 이해하고 있는 학자들도 있다. 야마자키 겐이치(山崎元一)는 가하파티와 세티에 대하여 다음과 같은 설명을 하고 있다.

> 가하파티의 개념은 4개 정도로 규정할 수 있는데 첫째, 일반적으로 가장을 의미하는 것이며 둘째, 브라만을 제외한 가장의 뜻으로 쓰이고 셋째, 브라만과 크샤트리야를 제외한 가장의 뜻으로 쓰이며 넷째, 서민 계층의 상층자로 쓰이고 있다. 그런데 마지막의 '서민 계층의 상층자'라고 하는 것은 바이샤 중의 상층자와 구별되지 않는 경우가 많으며 이 개념이 가장 일반적으로 쓰여지는 개념이다. 세티는 지방과 도시에서 농업과 상업 등을 바탕으로 경제적인 기반을 형성하고 그 부를 바탕으로 하여 상인 계층의 단체를 통솔하는 성격을 가지며 아울러 세티의 부와 상인

---

14) Richard Fick, Ibid, pp.253-266.

계층의 대표라는 성격이 이들을 국가 재정과 관련을 갖게 하여 왕과의
관계도 맺고 있다.[15]

이러한 가하파티나 세티에 대한 야마자키 겐이치의 견해는 리스 데
이비스(Rhys Davids), 나카무라 하지메(中村元), 샤르마(Sharma) 등에
의해 지지되고 있다. 그러면 불전과 수트라 등에 나타나고 있는 이들
계층의 역할과 성격은 어떠한 것인가 하는 것을 검토해 보기로 하자.

1) 가하파티(gahapathi, 居士)

인도 사회의 카스트제는 브라만·크샤트리야·바이샤·수드라라고
하는 4개의 계급이 기본이 되고 있으며 일반적으로 많은 사람들을 언
급할 때는 다음과 같이 계층들을 순서적으로 나열하는 경우가 많다.

> 프라세나짓왕은 붓다에게 "브라만이 죽으면 그는 자신의 종성인 브라
> 만으로 태어납니까? 아니면 크샤트리야나 바이샤 혹은 수드라의 집에서
> 태어납니까?" 하고 여쭈었다.[16]

> 붓다가 슈라바스티의 급고독 동산에 있을 때, 프라세나짓왕은 화를 내
> 어 나라의 많은 사람들을 잡아 가두었다. 크샤트리야·브라만·바이샤·
> 수드라·챤드라 등의 많은 사람들이 모두 잡히어 사슬에 묶였다.[17]

가하파티는 어떠한 계층이었는가 하는 것을 살펴보기 위하여, 인민
을 위와 같이 계층별로 나열하는 경우 가하파티의 순서는 어떻게 나타
나고 있는가 하는 것을 검토해 볼 필요가 있을 것이다.

---

15) 山崎元一, 『古代インド社會の硏究』, pp.181-203.
16) 『잡아함』 3권, p.219(경번호 1146, 「명명경」).
17) 『잡아함』 3권, p.358(경번호 1235, 「계박경」).

　　프라세나짓왕이 "크샤트리야·브라만·거사(가하파티)·수드라의 네 종족은 낮고 못함이 있습니까." 하고 물으니 붓다는 "이들 네 종족은 낮고 못함이 있고 차별이 있다. 크샤트리야와 브라만 종족은 인간에서 최상덕이요, 거사(가하파티)와 수드라는 인간에서 최하덕이다. 그러나 해탈에 이르면 거기에는 낮고 못함이 없다."라고 대답했다.[18]

　　붓다가 "누가 최상의 자리에 앉을 자격이 있는가." 하고 묻자 어떤 비구는 교단에 들어오기 전에 크샤트리야였던 자라고 하고 어떤 비구는 교단에 들어오기 전의 브라만이었던 자라고 하며 어떤 비구는 교단에 들어오기 전의 가하파티였던 자라고 대답했다.[19]

　첫 번째 인용문은 『중아함』의 일체지경으로 붓다가 프라세나짓왕에게 사성의 평등함에 대하여 설명하고 있는 경이며, 두 번째 인용문은 *Vinaya Text*(율장)이다. 이 두 경전에서는 모두 크샤트리야·브라만·가하파티·수드라의 순서로 네 개의 계층이 나열되고 있는데 이러한 순서적 나열은 아함경을 비롯한 여러 불전들에서 흔히 볼 수 있으며[20] 그 형태가 조금 달리 나타나는 경우도 있다.

　　앗사카왕이 왕비를 잃고 슬픔에 잠겨 있을 때, 양친도 그 밖의 친척도, 친구도, 대신도, 브라만도, 가하파티도 "대왕님 슬퍼하지 마십시오. 모든 것은 무상한 것입니다."라고 했으나 이러한 위로의 말로는 도저히 왕을 위로할 수 없었다.[21]

　위의 인용문은 「앗사카 자타카」인데 여기서는 계층의 나열이 앞서

---

18) 『중아함』 3권, p.370(경번호 212, 「일체지경」); *Majima Nikaya vol.2*, p.307(경번호 90, 「Kannakatthala sutta」). 영어본에는 nobles, brahman, merchant, workers로 네 계층을 번역.

19) *Vinaya Text*,「Culavagga」 6. 6. 2(S. B. E. vol.20, p.192).

20) 『중아함』 2권, pp.362-381(경번호 150, 151, 「울수가라경」, 「아섭화경」). 이외에도 많은 경전에서 이와 같은 순서로 나열된 것을 볼 수 있다.

21) *Jataka vol.2*, p.108(경번호 207, 「Assaka Jataka」).

살펴본 경전들과는 다른 형태를 띠고 있는 듯하지만, 왕의 친척들은 왕족으로서 크샤트리야라고 볼 수 있고 대신이나 브라만은 브라만계층으로 볼 수 있기 때문에 역시 이 경에서도 크샤트리야, 브라만, 가하파티의 순서로 많은 사람들을 나열하고 있다고 볼 수 있다.

이와 같이 불전에 나타나고 있는 가하파티는 모든 인민을 나열하는 순서에 있어서 대개 세 번째로 언급되고 있다. 그러면 가하파티 계층의 담당한 역할은 무엇이었는가. 각 계층의 형성 배경을 설명하고 있는『장아함』에는 다음과 같이 서술하고 있다.

> 다툼을 다스리는 계층으로 크샤트리야가 형성되었으며, 참선하지 않고 인간에 들어가 생활하게 되어 브라만이 형성되었고, 즐거이 살림을 경영해 부를 축적하여 가하파티가 형성되었으며, 기교가 많아 물건을 만드는 자들이 수드라를 형성하였다.[22]

이 경전에 다르면, 가하파티 계층의 역할은 살림을 경영하여 부를 형성하는 것이다. 그러면 네 개의 계층 가운데 이러한 역할을 담당하고 있는 계층은 어떤 계층인가.『다르마수트라(*Dharmasutra*)』들에는 각 계층에 적법한 직업에 대하여 다음과 같이 규정하고 있다.

> 브라만은 베다의 학습, 베다를 가르치는 일, 자신을 위한 제사, 다른 사람들을 위한 제사, 보시, 보시를 받는 것 등의 6개의 직업이 적법하다. 크샤트리야의 직업으로는 베다의 학습, 자신을 위한 제사, 보시 등의 3개의 직업과 특수 임무로써 무기로 인민을 보호하는 일 등이 적법하다. 바이샤는 베다의 학습, 자신을 위한 제사, 보시 등과 농업, 상업, 목축, 고리대금 등의 일을 할 수 있으며 수드라는 상위 계층에 대한 봉사만을 할 수 있다.[23]

---

22) 『장아함』 pp.147-148(경번호 5, 「소연경」). 불교 문헌에는 인민의 순서를 나열함에 있어서 브라만 문헌과는 달리 크샤트리야, 브라만, 바이샤, 수드라 등의 순서로 나열하여 크샤트리야가 브라만보다 먼저 언급되고 있다.

다르마수트라들의 이러한 규정이 반드시 지켜졌다고 볼 수는 없다.
자타카에는 상업이나 농업으로 생활하고 있는 브라만들이[24] 보이고 『
고타마법전(Gautama Dharmasutra)』에도 상업이나 목축이 브라만에게도
가능한 직업으로 되어 있기 때문에[25] 브라만이나 크샤트리야 등의 상
위 계층자 가운데 바이샤의 직업으로 살아가는 사람들도 없지 않았을
것이다. 이 때문에 일부의 학자들은 '브라만계층이 상업에 종사하여
경제적으로 성장할 가능성을 갖고 있었다.'[26]고 보고 있지만 이러한
현상은 붓다시대의 사회 경제적인 변화와 브라만교의 쇠퇴 등으로, 브
라만들 가운데 '보시'만으로 살아갈 수 없는 자들이 생겨나게 됨[27]에
따른 예외 규정일 뿐이고, 브라만이 생업에 종사하는 것이 브라만교의
이념에 있어서 적법한 것으로 인정되고 있는 것은 아니다. 보시만으로
생계를 유지할 수 없는 브라만들을 위한 '궁핍한 때의 법'[28]이라고 하
는 예외 규정은 일시적인 것이며 '궁핍한 때'라고 하는 문제가 해결되

---

23) *Vasishtha Dharmasutra* Ⅱ. 13-20(S. B. E. vol.14, p.11); *Laws of Manu* Ⅰ.86,
Ⅹ.74-80(S. B. E. vol.25, p.2, 419); *Apastamba Dharmasutra* Ⅱ. 2.5.10. 4-7(S.
B. E. vol.2, p.123).

24) *Jataka*, 경번호 155에는 보살이 브라만의 집에서 태어났는데 그의 아버지는 상
업으로 생활하였고 보살도 16세가 되어 짐을 지고 행상을 했으며, 경번호 211
에는 브라만의 집에서 태어난 보살의 아버지가 두 마리의 소로 농업에 종사하
고 있다. 경번호 389에는 보살이 농부브라만의 집에서 태어났다고 한다.

25) *Gautama Dharmasutra* Ⅹ. 5(S. B. E vol.2, p.228)에는 '농업과 상업은 브라만
자신이 직접 노동하지 않는다면 적법한 직업이다.'라고 하고 있다.

26) Ibid p.228의 주) 5-6에서 불러(G. Buhler)는 '이러한 규정이 브라만을 신사계층
으로 성장 가능하게 하였으며 바이샤에 의하여 운영되고 있는 상업과 금융업
의 잠재적 파트너로 성장할 수 있는 가능성을 주었다.'라고 하고 있다.

27) 리니지(lineage)사회의 쇠퇴와 브라만교의 제사로 인한 경제 축적 등에 대하여
는 Thapar 저, 山崎元一 번역, 『國家の起源と傳承』, p.89 참고.

28) *Apastamba Dharmasutra* Ⅰ. 7. 20.10(S. B. E. vol.2, p.72)에는 상업은 브라만
에게 적법하지 않으나 궁핍할 때에는 적법한 상품의 판매는 허용된다고 되어
있으며 취급해서는 안 되는 상품들이 나열되어 있다. 그러나 *Badhayana Dha-
rmasutra* Ⅰ.5.10.24(S. B. E. vol.14, p.175)에는 목축인, 상인, 직인, 배우, 하인,
고리대금으로 살아가는 브라만을 수드라로 취급한다고 규정하고 있다.

면 원래의 직업으로 돌아와야 한다고 법전들에서는 규정하고 있다. 또한 예외적 생업 종사의 허용은 많은 금지 규정을 수반하고 있었으며 특히 상업에서의 많은 금지 규정은 브라만을 상인 계층으로 성장하기 어렵게 했을 것이다. 그러므로 다르마수트라들에 나타나고 있는 직업에 관한 규정을 근거로 한다면 상업에 종사하여 부를 형성한 계층은 브라만 등의 상층 계층으로 보기 어려우며 '생업에 종사하여 부를 형성하는 계층'이라고 하는 바이샤였다고 보아야 할 것이다. 따라서 다르마수트라에 나타나고 있는 바이샤의 직업에 대한 규정·계층의 형성 배경·역할, 그리고 불전들에 나타나고 있는 가하파티계층의 그것들을 함께 고려해 본다면, 가하파티는 세 번째 계층에 속하는 동시에 생업에 종사하여 부를 형성하는 계층인 바이샤와 같은 개념으로 나타나고 있기 때문에 이들 계층을 바이샤로 이해하는 것이 타당할 것이다.

2) 세티(setthi, 長者)

세티의 경우도 가하파티와 마찬가지로 계급의 순서적 나열에 있어서 대개 세 번째로 언급되는 경우가 많으며 거사(gahapathi)와 장자(setthi)가 함께 언급되는 경우도 적지 않다.

왕은 백성들이 필요로 하는 것을 살피고 잘 돌보아, 나라가 부유해지고 백성들이 풍요로워지자 이를 기쁘게 여겨 왕은 "내 나라는 부유하고 군사는 강하며 창고는 가득 차 넘친다. 이에 나는 큰 제사를 베풀고자 한다."라고 말하자 왕자와 대신과 장자들은 왕에게 "큰 제사를 지내고자 한다면 지금이 바로 그때입니다."라고 말했다.[29]

붓다가 라자그라하의 칼란다에 있는 죽림정사에 계실 때 국왕이나 대

---

29) 『장아함』, p.349,(경번호 23, 「구라단두경」); p.365(경번호 24, 「견고경」)에도 같은 나열을 볼 수 있다.

신, 브라만, 장자, 거사와 그 밖의 세상 사람들에게 공경과 존경을 받아 붓 다와 비구들은 많은 보시를 공양 받았다. 그러나 이교도들에게는 공경과 보시를 하지 않자 외도들은 '예로부터 우리는 모든 국왕, 대신, 장자, 거사 와 모든 세간 사람들에게 공경을 받고 보시를 받아 왔으나 이제는 이들 이 붓다를 섬겨 우리에게 보시를 하지 않는다.'고 생각하였다.[30]

위에 인용된 첫 번째 경전은 『장아함』의 「구라단두경」인데 여기서 보 면 장자는 거사와 같은 세 번째 자리에 언급되어 있다. 두 번째 경전은 『잡아함』의 「수심경」인데 여기서는 국왕과 대신 다음에 세티와 가하파 티가 함께 언급되고 있다. 국왕은 크샤트리야 계층으로, 대신은 브라만 계층으로 보면[31] 세티와 가하파티는 세 번째로 함께 언급되고 있는 것 이다. 휘크(Fick)는 이러한 경들에 보이는 국왕 대신 세티 가하파티 등 은 각 계층의 나열이라고 보기보다는 지배 계층만을 언급하고 있는 것 이며 서민 계층까지 포함하고 있는 것은 아니라고 보아 이러한 언급이 세티 가하파티 등을 지배 계층 출신으로 볼 수 있는 근거라고 했다.[32] 그러나 『자타카』와 『아함경』 등의 불교 문헌에는 계층의 나열에 있어서 수드라가 빠져 있는 경우는 많이 있으나[33] 바이샤 계층까지 제외시키 고 지배 계층인 크샤트리야와 브라만만을 언급하고 있는 경우는 없다. 뿐 아니라 「카디란가리 자타카」에서 아나타핀디카 세티(급고독장자)[34]

---

30) 『잡아함』 1권, p.397(경번호 347, 「수심경」).
31) 불전에 나타나고 있는 대신들은 주로 왕의 성사와 속사를 담당하는 것으로 나 타나고 있으며 이들은 주로 브라만 출신으로 나타나고 있다. 자타카에 붓다의 전생인 보살이, 대신으로 태어난 것은 26개의 경에 나타나는데, 이 대신의 표 현이 주로 '왕의 성사와 속사의 고문'으로 나타나며 이것은 왕의 브라만 사제 관(Prohita)과 같은 직능이고 그 출신이 브라만으로 명시되고 있는 경이 많다.
32) Fick, Ibid, p.251.
33) 『장아함』, p.65(경번호 3, 「유행경」); 『중아함』 1권, p.195, 314; 2권, p.99, 361, 406; 『잡아함』 2권, p.32, 64; 3권, p.191, 219, 352 등에는 계층의 나열에 있어 서 수드라가 빠져 있다.
34) Anatapindika는 '외로운 사람들을 돕는 이'라고 하는 뜻으로 한역에서는 '급고 독'이라고 하며 원래의 이름은 Sudatta이다. *Jataka,* 경번호 1 등에 보면 Anata-

에게 붓다가 "가하파티(거사)여!" 하고 부르고 있는 것과 같이 가하파티
와 세티는 같이 쓰이고 있어서 일치된 개념은 아니지만 거의 동일 범주
로 이해될 수 있는 정도의 개념으로 사용되고 있다.35)

그러므로 필자는 왕, 브라만, 세티(장자), 가하파티(거사)가 나열되어
있는 것들이 지배계층만을 언급하고 있는 것으로는 볼 수 없으며, 일
반적으로 붓다시대에 쓰이고 있는 브라만, 크샤트리야, 바이샤의 계층
적 나열 형태로써 여기에 등장하는 세티와 가하파티는 세 번째인 바이
샤계층으로 보아야 한다고 생각한다.

세티 계층의 성격은 스레니(sreni)의 형성과 밀접한 관련이 있다. 다
양한 직업에 종사하는 자들은 자신들의 이익을 보호하기 위해 스레니
라고 하는 단체를 결성했는데 그 단체의 대표로 선출된 자들이 세티였
다. 스레니는 상인계층의 조합에 한정된 용어는 아니고 상인·도시민·
금융업자·수공업자 등이 자신들의 이익을 옹호하기 위해 만든 단체들

---

pindika는 주로 장자(Setti)로서 Treasurer로 번역되고 있는데 *Jataka,* 경번호 40
번에는 거사(gahapati)라고 부르고 있다. *Vinaya Text*의 「Cullavaga」 6.4.9에는
Anata-pindika가 householder(거사)로 번역되고 있는 것 등으로 거사와 세티가
때로 구별되지 않고 혼용되고 있다.

35) 山崎元一은 가하파티와 세티의 성격에 대하여 『古代インド社會の研究』, pp.181-197에
서 '농기구를 가지고 직접 농사를 짓거나 노예들을 사용하여 경작하는 농촌의
가하파티도 있었으나 대개의 가하파티는 도시를 무대로 활동하여 부를 축적한
자산가 계층이다. 세티는 <가장 뛰어난 자>라고 하는 의미이며 이들 역시 도시
를 무대로 한 상업 활동을 바탕으로 부를 획득한 계층으로 대개 세티는 가하파
티 계층에 속하고 가하파티 가운데서 상인 대표자의 성격을 갖고 있으며 그 지
위는 세습되었다. 그리고 세티는 상인의 대표로서 왕을 보필하며 조언을 하는
정도의 관리적 성격도 갖고 있다.'라고 설명하고 있다. 中村元은 『インド古代史
上』, pp.359 이하에서 '상인 대표인 세티는 반드시 가하파티 신분의 자였으며
다른 계급의 자가 세티로 불리는 경우는 없다. 세티는 왕의 징세청부인과 같은
성격도 갖고 있으며 사인으로서는 세력 있는 경제인이었으며, 국왕의 행정조직
내부에 상인대표로서 들어가 그 실질적 지위를 확보하는 경우가 많다.'고 보고
있다. 이러한 학자들의 견해를 보면 가하파티와 세티의 개념은 가하파티가 더
포괄적인 개념이며 세티계층은 가하파티 계층의 일부분인 것이라고 할 수 있기
때문에 이들 계층의 성격은 같은 범주에서 이해될 수 있을 것이다.

의 통칭이라고 할 수 있으며, 세티는 이들 단체들 가운데 특히 도시 상
인 단체라고 하는 니가마(nigama)의 대표라고 보는 학자도 있다.36)

붓다시대를 전후한 인도는 상업이 비약적으로 발전한 시대였다. 상
업과 수공업이 발달하고, 상업의 중심지로서 도시가 발달하면서 상인
세력의 대표인 세티는 도시 생활의 중심인물이 되어, 생산 자금을 조
달하고 생산자들을 통솔하면서 사적으로는 시장도시(matket-town)에서
의 도매업을 하는 자들이 많았다. 여러 조합과 이들 대표로서의 세티
들이 생기면서 다양한 세티 계층들이 형성되었고, 이들 세티들은 상업
적인 면에서 상호 긴밀한 관계를 가졌을 뿐 아니라, 일상의 사회생활
에서도 협조적인 관계를 형성하여, 마하세티(mahasetthi)나 나가라세티
(nagarasetthi) 등의 대세력을 갖고 있는 세티들은 규모가 작은 츌라세
티(cullasetthi)나 아누세티(anusetthi) 등의 자문에 응하거나 경제적인 원
조를 하기도 했다. 그런데 불전에는 이들 세티가 상인 대표의 성격에
그치지 않고 관리적인 성격도 갖고 있었던 것으로 나타나고 있다.

세티의 아들인 니구율동자(Nigrodha kumara, Master Banyan)와 사촌인
사카동자 그리고 이웃에 사는 양복집 아들인 포티카는 함께 자랐는데
나이가 되어 니구율동자와 사카동자는 탁실라에 있는 스승에게 2000금
을 내고 공부하게 되었으며 이때 니구율동자는 가난한 포티카를 그의
곁에 두고 공부시켰다. 이 세 사람은 공부를 끝내고 지방의 관습을 배
우기 위해 여행하다가 바라나시에 이르러 휴식을 위해 나무 밑에 누워
자고 있었다. 이때 수새 한 마리가 자신의 품위를 자랑하며 "나의 기름
살을 먹는 사람은 새벽에 왕이 되고, 중간 살을 먹는 사람은 장군이 되
며 뼈에 붙은 살을 먹는 사람은 출납관이 될 것이다"라고 했다. 이 말
을 들은 포티카는 이 새를 잡아 기름 살은 니구율동자에게 주고 중간
살은 사카동자에게 주고 자신은 뼈에 붙은 살을 먹었다. 얼마 후 왕이
죽어 새로운 왕을 찾는 사람들이 니구율동자의 발바닥에서 왕의 상(수
레바퀴 무늬)을 보고, 이를 왕으로 삼고 왕이 된 니구율동자는 사카동자

---

36) Balram Srivastava, Ibid, pp.212-214.

를 장군으로 삼고 -생략- 왕은 조합의 협정을 판단하기에 적절한 출납관(Setti, 재무관)의 지위를 포티카에게 주었다. 전에는 이러한 직무가 없었는데 이후 생겨나게 되었다.[37]

그때 라자가하(왕사성)에 있는 세티가 7년 동안 머리에 질병이 있어 고생했는데 많은 유명한 의사들이 왔으나 그를 치료하지 못했다. 의사들에 의하여 5일이나 7일 후에 세티가 죽을 것이라는 의사의 말을 듣게 된, 라자가하의 한 상인은 '이 세티는 왕과 상인단체(sreni, guild) 모두에게 훌륭히 봉사해 왔는데 이러한 선고가 내려졌다. 궁중에는 지바카(Givaka)라는 훌륭한 의사가 있는데 왕에게 지바카로 하여금 세티를 치료하게 해 달라고 부탁하면 어떨까' 하고 생각하여 마가다왕 빔비사라에게 가서 부탁했다. 마가다왕 빔비사라는 지바카에게 세티를 치료해 주도록 명령했다. 지바카는 이 명령을 받고 세티에게 가서 여러 가지 치료의 방법을 일러주어 세티가 완쾌되었다.[38]

첫 번째 인용문은 「니그로다 자타카」인데 이 경전에 나타나고 있는 세티는 관리의 성격을 갖고 있으며, 주요 직무는 '조합의 협정을 판단' 하는 일이다. 두 번째 인용문은 *Vinaya Text*의 「마하바가(Mahavagga)」 인데 세티가 상인계층의 이익을 대변하고 있음과 동시에 왕에게도 봉사하는 것으로 나타나고 있다. 이 두 인용문에 등장하는 세티는 일반적인 세티의 범주와는 달리 '관리적 성격'[39]을 갖고 있기 때문에 세티의 일부가 국가 행정조직의 일원이 되었던 것으로 볼 수 있다. 상인 단체의 대표인 세티가 국왕의 행정조직 내부에 들어가 관리적 성격을 갖게 되었던 것은 그의 경제력 때문이었다고 보는 것이 일반적이다.[40] 상인

---

37) *Jataka* vol.4, p.22(경번호 445, 「Nigrodha Jataka」).
38) *Vinaya Text*, 「Mahavagga」 Ⅷ 1.16(S. B. E. vol.13, p.182).
39) 관리라고 표현하지 않고 관리적 성격이라고 표기하는 것은, 세티(재무관)는 일반적 개념으로서의 관리(raja-bhogga)와 동일하다고 볼 수 없기 때문이다. 中村元은 이들은 결코 관리는 아니고 자산가의 자격에 머물고 있다고 본다.
40) 中村元, 『インド古代史上』 p.361; Balram Srivastava, Ibid, p.216.

단체의 입장에서는 궁정에 세력을 미치고 입법 및 국가의 감독에 대하
여 특별한 고려를 의뢰할 수 있는 자를 필요로 했으며 국왕의 입장에서
는 국가의 재정 유지, 군사 행동, 각종의 공공 토목 공사 등에 상인의
원조와 자문을 필요로 했다. 따라서 왕과 상인 계층 모두 상호 연결시
킬 수 있는 가교적 인물이 필요하게 되었다. 그런데 상인 단체의 대표
인 세티들은 왕과 친분 관계를 맺고 왕을 자주 알현하고 있었기 때문에
이러한 일을 담당하기에 적합한 인물로 인식되었을 것이다. 이러한 배
경 하에서 상인 단체의 대표인 세티는 관리적 성격을 갖게 되었던 것으
로 볼 수 있을 것이다. 관리적 성격을 갖게 된 세티의 주요 임무는 앞
서의 인용문에서 본 것과 같이 조합의 협정을 판단하는 일이었을 것이
며 상인 단체와 왕 모두에게 도움을 줄 수 있는 일을 담당한 것으로 볼
수 있다. 왕에 의해 일단 관리적 성격을 갖는 세티(재무관, treasurer)로
임명되면, 일생 동안 이 관리적 성격을 갖고 있으며 세티가 죽은 후에
는 아들에게로 세습되었다. 결국 세티는 이중적인 임무를 갖고 있는데
관리로서의 공적인 임무와 상인 대표로서의 사적인 것이 그것이다. 그
러므로 세티는 관리와 같은 범주에서 '부를 버리고 출가할 때는 왕의
허가가 필요'[41]했던 것이며 이러한 면 때문에 휘크는 세티가 상인 단체
에서 선발된 사람이라고 볼 수 없다고 하였으나[42] 야마자키 겐이치(山
崎元一)는 모든 세티의 임명에 왕의 승인이 필요했는지는 분명하지 않
다[43]고 보고 있다. 필자도 야마자키 겐이치의 견해에 동의하며 상인 단
체의 대표라고 할 수 있는 대부분의 세티들은 상인 단체의 구성원들에
의해 선임되었을 것이며 관리로서의 세티는, 여러 세티 가운데서 왕이
임명한 것으로 보아야 한다고 생각한다.

　세티가 재무관으로 임명되게 된 것이 왕과 친밀한 관계를 맺고 있
는 것을 바탕으로 이루어졌다고 본다면, 세티와 왕의 긴밀한 친분 관

---

41) *Jataka*, vol.2, p.45(경번호 171).
42) Fick, Ibid, p.259.
43) 山崎元一, 앞의 책, p.201.

계는 어떻게 형성되었는가. 경제력을 가진 가하파티와 세티 등이 지배
계층인 왕족이나 브라만들과 친분 관계를 갖게 되는 계기는 교육 과정
을 통하여 일어난 것으로 보인다. 세티의 자제들이 왕자와 동문수학할
수 있었던 것은 세티계층의 경제 능력이 그 배경이 되었다. 세티계층
의 자제가 유명한 스승을 찾아 지배 계층들과 함께 공부할 수 있기
위해서는 일정 기간 생산과 유리되어 학문에 전념할 수 있는 여유가
있어야 한다는 것이다. 그런데 이전의 생산에 종사하는 바이샤 계층들
은 주로 가족 단위의 노동력을 바탕으로 하는 생산 단계에 있었기 때
문에 그들의 자제들을 생산과 유리된 교육에 전념시킬 수 없었다. 그
래서 브라만 법전 등에 이론적으로는 바이샤 계층도 베다의 학습이 가
능하다고 되어 있으나 실제로 교육은 지배 계층의 전유물[44]이 되었던
것이다. 그러나 상업으로 부를 획득한 계층은 자제를 교육시킬 경제적
인 능력과 자제들을 생산과 유리된 교육에 전념시킬 수 있는 여유를
갖게 된 것이다. 이 시기 이후 탁실라에서 베다를 학습하는 상인 자제
들이 자주 등장하는 것은 그 만큼 상인들의 경제력이 성장했음을 반영
하는 것이며, 그러한 세티 등의 경제적인 성장이 그 자제들을 탁실라
등에 있는 유명한 스승 밑에서 교육받을 기회를 갖게 하여, 여기서 왕
자 등의 지배 계층과의 친분 관계를 가질 수 있게 되는 것이다. 「아타
나 자타카」에서는 교육과정이 끝난 이후 계속되는 왕자와 세티 자제의
친분 관계를 잘 보여주고 있다.

　　브라마닷다왕이 바라나시에서 나라를 다스리고 있을 때에, 왕자와 부유
　한 상인(세티)의 아들인 마하다나는 어릴 때부터 절친한 친구였으며 같은

---

44) *Gautama Dharmasuta* Ⅸ. 1에는 '적법한 학업을 마친 자(Snataka)는 목욕을 하
　　고 난 이후에 결혼을 하여 가장으로서의 적법한 의무를 완수해야 한다.'라고
　　되어 있는데 Buhler는 그 주에서 'Sanataka에 관한 규정은 브라만과 크샤트
　　리야만을 중심으로 하고 있는 것으로 보며, 스나타카의 규정을 어긴 브라만
　　과 크샤트리야는 속죄의식을 행해야 하지만, 바이샤는 이를 어겨도 속죄를
　　치를 필요가 없다.'고 설명하고 있다.

스승 밑에서 함께 공부했다. 부왕이 죽자 왕자는 왕위에 올랐으며 상인의
아들도 여전히 왕 곁에 있었다. -세티의 아들은 아버지가 죽고 세티의
지위를 계승한 후에도-그는 하루에 세 번씩 왕에게 문안을 갔다.45)

이와 같이 왕자와 세티의 친분 관계는 왕자와 세티의 아들로서 함
께 동문수학하는 것을 바탕으로 하여 형성되었다. 왕자와 세티의 자제
가 함께 동문수학함으로써 맺어진 관계는 왕이 되고 난 후에도 지속되
고 있다고 하는 예는 위에 인용한 경전 이외에도 많이 보이고 있는데
이러한 친분 관계의 형성은 사적인 관계로 출발한 것이었으나 이후 이
러한 관계는 단순히 사적인 관계만으로 유지된 것은 아니었으며 앞서
살펴본 바와 같이 공적인 관계로 발전하게 된 것이다.

왕과 세티의 관계가 사적인 친분 관계에서 공적인 관계로 발전할
수 있었던 것은, 왕권 강화를 위한 경제적인 뒷받침이 필요했고 국가
재정과 관련하여 상인 세력의 중요성이 증대하였기 때문일 것이다. 이
때문에 왕들은 상인 세력의 대표인 세티에게 관리적 성격을 부여하여
이들을 국가권력 내부에 받아들이려고 했던 것이다. 세티와 가하파티
등이 국가의 재정과 깊은 관계를 갖고 있다고 하는 것은 전륜성왕이
갖추어야 하는 칠보 가운데에도 나타나고 있다. 전륜성왕은 칠보를 구
족하고 있는데 첫째는 금륜보, 둘째는 백상보, 셋째는 감마보, 넷째는
신주보, 다섯째는 옥녀보, 여섯째는 거사보, 일곱째는 주병보다. 이러한
것들을 갖춘 왕은 무력에 의지하지 않고도 강력한 통일 군주가 될 수
있다는 것인데 여기서 검토하고자 하는 것은 이 칠보 가운데 거사보이
다. 대천나림경에는 대천왕이 어떻게 하여 칠보를 성취하는가 하는 것
을 설명하고 있다.

대천왕은 어떻게 거사보를 성취하였는가. 거사는 지극히 풍부하여 재
산이 한량이 없고, 많은 목축과 봉호와 식읍이 있으며, 여러 가지 복업

---

45) *Jataka vol.3*, p.282(경번호 425, 「Attana Jataka」).

의 갖음을 두루 갖추었고, 하늘 눈을 얻어 모든 보배 창고의 텅 빈 것과
가득 찬 것과 지기가 있고 없는 것과 금창고인가 돈이 들어 있는 창고
인가 만든 것과 만들지 않은 것인가를 모두 뚫어 본다. 거사보는 대천왕
에게 나아가 "만일 금이나 돈이 필요하면 천왕은 걱정하지 마소서. 나는
스스로 그 때를 맞출 것입니다." 하였다. 이에 왕은 거사보를 시험하기
위하여 금과 돈이 필요하다고 하였으며 거사보는 충분한 금과 돈이 들
어 있는 창고를 왕 앞에 드러내고 필요한 것을 충분히 갖게 하였다. 46)

이와 같은 거사보는 왕권의 성장과 타국과의 전쟁이라는 과제를 안
고 있는 군주에게는 필요한 재정을 지원해 줄 수 있는 것이기 때문에
칠보의 하나가 되었을 것이다. 그러므로 거사 · 세티 계층이 왕과의 관
계에서 갖는 중요성은, 국가의 재정적인 것과 깊이 관련되어 있었다고
보아야 할 것이다.

붓다시대의 시대적 배경 속에서 상인 계층이 국가 경제에 미치는
영향이 증가하게 되었으며, 상인 계층 또한 그들의 세력을 확대하고자
하는 욕구를 갖고 있었기 때문에, 왕과 세티는 '경제력'을 바탕으로 결
합되게 된 것이다. 세티 계층은 교육 기회를 통해 지배 계층과의 접촉
기회를 갖게 되었고, 세티 계층의 경제력을 필요로 했던 왕과, 상인
세력의 대표로서 지배 세력과의 연계가 필요했던, 세티층의 욕구가 일
치함으로써 세티 계층의 일부가 관리적 성격을 갖게 되었다. 이러한
과정을 통하여 사회적 인식이 높아짐으로써 세티들은 싱입과 국가 재
정적인 문제뿐 아니라 일반의 사회적 일들과 도덕적인 문제에 있어서
중요한 역할을 하는 인물로 여겨졌고, 그의 이름이 널리 알려져 왕과
시민 촌민의 존경을 받게 되었으며 '고귀한 이(kulaputra)'47)로 인식되

---

46) 『중아함』 1권, p.307(경번호 67, 「대천나림경」), *Majima Nikaya* vol.2, p.267(경
번호 83, 「Makhadeva sutta」).
47) *Jataka,* 경번호 535에는 왕에게서 재무관의 직위를 받은 거사가 왕, 시민, 지방
민의 존경을 받게 되었다고 되어 있다. Fick는 '고귀한 이'라는 표현이 세티와

어 내세에서 태어나기를 희망하는 가문의 하나가 되었다고 할 수 있다. 그러므로 휘크가 지적하고 있는 지배 계층과의 긴밀한 관계나 관리적 성격을 갖고 있다는 것만으로 세티 계층을 지배계급 출신으로 볼 수는 없는 것이다. 따라서 필자는 가하파티나 세티 계층은 기본적으로 상업을 바탕으로 성장한 바이샤 계층이었으며, 이들 바이샤 계층의 상층부라고 할 수 있는 일부의 세력들은 상층의 지배 계층과 외면상 큰 차이를 보이지 않을 정도로 성장했던 것으로 보아야 한다고 생각한다.

3. 상인 계층과 불교와의 관계

앞서 살펴본 바와 같이 상업의 발전은 가하파티와 세티층의 사회적인 성장을 가능하게 했고, 왕과의 긴밀한 친분관계를 형성하여 관리적 성격을 갖기에 이르렀다. 가하파티나 세티가 『자타카』,『아함경』 등의 불전에 자주 등장하고 있는 것은 붓다시대의 사회에서 이들 계층이 중요한 역할을 담당하고 있는 계층이었음을 보여주는 것임과 동시에 불교와의 관계도 밀접한 것이었음을 짐작할 수 있게 하는 것이다.

붓다시대 이래 불교의 사회적 기반을 형성하고 있는 계층은 어떠한 계층이었는가 하는 것을 살펴보기 위해 불전에 등장하고 있는 인물들의 출신을 살펴보기로 하자. 다음의 표는 아카누마 지젠(赤沼智善)이

가하파티에게 쓰이고 있음을 근거로 하여 이들을 지배 계층으로 이해하고 있으나, 中村元은 『インド古代史 上』 p.306에서 '고귀한 이'의 개념이 브라만이나 크샤트리야에게 한정되어 있지 않음을 말하고 있으며 「インドの古代商業」, 『古代史講座』 9(東京: 學生社, 1962), p.260에서는 '당시의 사회적인 평가는 혈통이나 종교적 자격에 의한 것이 아니고 경제력에 근거하여 이루어지고 있다'고 하는 견해를 보이고 있다. 또한 Sharma도 Sudras in Ancient India, p.153에서 불전에서는 브라만, 크샤트리야, 바이샤가 모두 이 개념에 포함되어 있다고 하는 견해를 보이고 있다. 따라서 '고귀한 이'로 표현되고 있는 것으로 가하파티와 세티가 상층의 계층이라고 할 수는 없을 것이다.

분류한 불교의 사중을 도표화한 것이다.[48]

	출가자		재가 신자		합계
	비구	비구니	우파새	우파이	
브라만	161	17	36	5	219명
크샤트리야	69	28	22	9	128명
바이샤	79	27	37	12	155명
수드라	19	4	5	2	30명

위의 도표를 살펴보면 불교에 귀의하고 있는 사람의 합계에 있어서는 브라만이 가장 많고 크샤트리야 바이샤 수드라의 순서로 나타나고 있다. 이러한 통계는 브라만 출신들이 불교의 중심 세력이 되고 있다고 이해될 수도 있는 면이 있으나 이것은 당시에 종교에 가장 많은 관계를 갖고 있는 계층이 바로 브라만이고 그들을 중심으로 종교 활동이 이루어진 것으로 보아서 브라만들이 가장 많이 불교에 귀의하였다는 것뿐이며, 이를 근거로 불교의 중심 계층이 브라만이었다고 보는 것은 무리일 것이다. 필자가 이 도표를 통하여 살펴보고자 하는 것은 출가하여 종교에 전념하고 있는 사람들에 대한 것이 아니라 일상의 생활을 영위하면서 종교를 받아들이고 있는 사람들에 대한 것이다. 전체의 귀의자 수는 브라만 출신이 가장 많으나 실제 생활을 하면서 종교를 갖고 있는 재가자의 숫자를 기준으로 하여 보면, 귀의자가 가장 많은 계층은 바이샤 계층이라고 하는 것이다. 그런데 종교 집단의 사회적인 기반을 말하자면 그것은 출가자의 세속에서의 출신이 무엇이었는가 하는 것이 아니라 경제적으로 종교자들을 부양하고 이들의 사회적 생활을 뒷받침하는 계층이 어떠한 계층이었는가, 하는 것을 기준으로 보아야 할 것이며 이를 바탕으로 하여 종교의 사회적인 기반 문제를 검토해야 한다고 필자는 생각한다. 그런 점에서 출가자의 수보다는 재

---

48) 赤沼智善, 『原始佛教之研究』, p.392.

가신자의 수가 중요하다고 할 수 있는데 재가신자의 합계는 브라만은 41명이고 크샤트리야는 31명이며 바이샤는 49명이며 수드라는 7명이다. 이러한 면에서 불교의 사회적인 기반을 형성하고 있는 계층은 바아샤 계층이라고 볼 수 있을 것이다.

바이샤 계층이 불교의 사회적 기반이 되고 있음은 불교에 기증하고 있는 여러 세티의 모습에서도 찾아볼 수 있다. 당시 세티들이 불교에 어느 정도의 경제적인 지원을 하고 있는가 하는 것은 급고독장자가 기원정사를 세우는 과정인 『츌라바가(Cullavagga)』 6.4.9와 「비사위하 자타카」 등에서 볼 수 있다. 불교가 그 세력을 확장할 수 있는 바탕이 되었던 기원정사의 건립은 급고독장자에 의해 이루어졌다

아나타핀디카(Anatapindika)거사는[49] 왕사성(Ragagaha)에서 사위성(Sa-va-tthi, Sravasti)으로 돌아가면서, 붓다와 그의 제자들이 머물 수 있는 정사를 짓기로 마음먹었다. 사위성으로 돌아오자 정사를 세울 수 있는 장소를 찾다가, 모든 조건이 갖추어진 합당한 장소가 제타태자(Geta The Kumara)의 정원이라고 생각되어 그것을 사려고 했다. 제타태자는 그의 정원에 사원을 세우려 한다는 아나타핀디카의 말을 듣고 "이 정원은, 돈으로 정원 전체를 덮도록 차곡차곡 쌓는다면 몰라도, 팔지 않을 것입니다."라고 했다. 그러자 아나타핀디카는 "알겠습니다. 그 가격에 정원을 사지요."라고 말했다. 이에 태자는 "아니오, 거사여! 팔겠다는 의미가 아닙니다."라고 했다. 이에 아나타핀디카와 태자는 사법관에게 가서 매매가 이루어진 것인지를 가려 달라고 하자, 사법관은 "사원은 태자가 결정한 가격으로 지을 수 있다"고 판결하였고, 아나타핀디카는 금을 가지고 와서 그 돈으로 집을 뒤덮었으나 모자라서 대문 근처의 조그만 땅을 덮지 못했다. 그래서

---

49) 영역본 「Cullavaga」에는 Householder로 되어 있는데 이것은 대개 gahapati를 번역한 것이며 같은 곳에 Ragagaha의 Setthi가 언급되어 있어서 아나타 핀디카를 가하파티로 보고 있는 듯함으로 본문에서는 그 번역을 <거사>라고 하였다. 그러나 한역에서는 거의 모두 아나타 핀디카를 <급고독장자>로 번역하여 세티로 나타난다. 기원정사는 왕사성에 있는 정사로써 Anathapindika가 붓다와 그의 교단을 위하여 기증한 불교 최초의 승원이다.

하인에게 돈을 더 가지고 오도록 명했으나 태자는 아나타핀디카가 이곳에 많은 돈을 쓸 준비가 되어 있음을 알고 "나머지의 공간은 돈으로 덮을 필요가 없습니다. 그곳을 나에게 맡겨 주십시오." 하여 기원정사가 여기에 세워지게 되었다.[50]

이와 같이 아나타핀디카는 엄청난 돈을 써서 기원정사를 건립하여 불교 교단에 보시함으로써 불교 교단의 형성을 돕고 불교 교단의 경제적인 지지 기반을 형성했던 것이다. 『자타카』에는 급고독장자가 기원정사를 세움에 있어서 5억 4천만의 재물을 들인 것으로 되어 있으며, 아울러 아나타핀디카는 이렇게 세워진 기원정사에 붓다가 머물고 있을 때 날마다 세 번씩 봉사를 행하고 늘 500인의 비구에게 공양할 음식을 준비한 것으로 되어 있다.[51] 아나타핀디카 외에도 불교에 경제적인 지원과 보시를 아끼지 않은 장자들이 자타카 등의 불전에 자주 등장하는데 그 또 하나의 예가 비사위하 장자라고 할 수 있을 것이다. 비사위하 자타카의 머리말에서 "옛날의 현명한 장자들은 제석천이 방해하는 데에도 불구하고 보시를 행했다"고 하며 그 과거의 일을 다음과 같이 설명하고 있다.

옛날 브라흐마닷다왕(Brahmadata, 범여왕)이 바라나시에서 나라를 다스리고 있을 때 보살은 8억의 재산을 가진 비시위하 장자였다. 그는 오계를 지키고 보시에 뜻이 있어 사방의 문, 수도 중앙, 자기의 집 앞에 보시당을 세우고 보시하되 60만의 보물을 내어 보시 했다고 한다.[52]

이와 같은 사료들에서 볼 수 있는 바와 같이 가하파티와 세티들이 불교의 경제적 기반으로서 중요한 역할을 담당하고 있으며 이들은 거의 상인 계층이었다. 물론 가하파티나 세티 등의 상인 계층 이외에도

---

50) *Vinaya Text*, 「Cullavagga」 6.4.9.(S. B. E. vol.20, p.187).
51) *Jataka vol.*1, p.100(경번호 40, 「Khadirangara Jataka」).
52) *Jataka*, vol.3, p.85(경번호 340, 「Visayha Jataka」).

촌민 전체가 보시를 행하는 등의 기록도 있으나 불교 교단에 기증하는
자들은 대개 상인 계층이었다는 것이다.53) 그러므로 불교의 사회적 지
지기반이 된 사람들은 주로 바이샤 계층의 상인들이었으며, 상업의 지
속적인 성장과 발전 과정을 통하여 불교도 발전하게 되었고, 상업적인
교통로의 발달에 따른 불교의 전파 지역 확대라는 현상도 가능했던 것
이다.54) 이와 같이 바이샤에 속하는 상인 계층을 중심으로 불교의 사
회적인 지지 기반이 형성되었던 것은 무엇 때문인가. 이것은 앞서도
언급한 바와 같이 바이샤의 신분적 문제와 밀접한 관계가 있는 것으로
보인다. 노동을 천시하여 생산 활동에서 유리된 브라만과 크샤트리야
는 상층의 지배 계층으로 자리 잡게 되었으나 생산을 담당하는 바이샤
는 수드라와 함께 하위의 계층으로 인식됨으로써 상층의 두 계층과 하
층의 두 계층 사이에 선이 그어졌으며55) 이론적으로는 아리안 사회의
일원으로 되어 있던 바이샤는 하층 계층으로서의 차별을 받게 되었
다.56) 그러나 경제력을 바탕으로 국가 경제의 중추적 역할을 담당하며
사회적 영향력을 증대시킨 바이샤 계층으로서는 브라만교적인 차별을

53) 『インド古代史上』 p.620에서 中村元은 '불교 교단에 무엇인가를 기증한 자들은
  거의 상인계층이며 농민계층은 보이지 않는다.'고 하였다. *Jataka,* 경번호 221에
  는 라자그라하의 인민 전체가 함께 기증하고 있는데 단독으로 따로 기증하는
  상인도 보인다.
54) 불교의 전파 경로와 당시의 상업로 등에 대하여는 Rhys Davids, *Buddhist India,*
  p.103; 福原亮嚴, 「中國 印度間の佛教徒の交通路」, 『印度學佛教學研究』 3권 1
  호 pp.289-281; 상업로에 대하여는 Balram Slivastava, *Trade and Commerce in
  Ancient,* pp.50 이하 참고.
55) 高崎直道, 「古代インドにおける身分と階級」, 『古代史講座』 7, p.137.
56) 불전에 인민을 나열하는 경우 크샤트리야, 브라만, 바이샤, 수드라가 순서적으
  로 나열되어 있으며 수드라가 빠져 있는 경우는 상당수 있으나 크샤트리야와
  브라만 등의 지배계층과 바이샤 수드라의 피지배계층을 분류하고 있는 듯한 곳
  은 없다. 그러나 브라만 문헌들에는 '왕과 브라만', '브라만과 크샤트리야'만을
  함께 언급하고 있는 것이 많다. *Satapata Brahmana* 6.4.4.13(S. B. E. vol.41,
  p.227)에는 '크샤트리야와 브라만은 바이샤와 수드라의 뒤에 갈 수 없다.'고 하
  여 상위 두 계층과 하위 두 계층을 분리시키고 있다. *Laws of manu* 9. 321-322
  에서도 브라만과 크샤트리야가 결합되어 있는 것을 볼 수 있다.

그대로 감수하기는 어려운 것이었다. 브라만적인 사상을 바탕으로 하면, 바이샤인 세티와 가하파티 등은 경제적인 면에서 성장하여 실질적인 세력을 갖게 되어도 브라만이나 크샤트리야가 될 수는 없는 것이고[57] 이들이 지배 계층의 개념에 속하게 될 수는 없는 것이었다.[58] 경제적 능력의 상승과 사회적 차별이라는 부조화 속에서 경제력을 가진 자들이 그들의 경제력과 일치되는 사회적 신분을 인정받고자 하는 것은 당연한 것이었을 것이다. 이 때문에 바이샤, 특히 경제력을 향상시킨 가하파티나 세티의 세력들은 신분적인 차별을 극복하기 위하여, 계급론을 부정하고 있는 새로운 사상을 필요로 하게 되었다. 샤르마가 말하고 있는 것과 같이 '개인의 낮은 사회적 지위와 높은 경제적인 위치 사이의 모순은 사회적 지위를 높임으로써 해소될 수 있는 것'[59]이었을 것이며, 이러한 모순을 극복하기 위하여 경제력 있는 바이샤들이 선택한 것은 출생에 의한 계급적 차별을 부정하고 있는 불교였던 것이다. 불교의 성립으로 평등론이 등장하게 되자 계급 차별의 모순성을 절감하고 있던 부유한 바이샤들은 더욱 계급적인 차별의 불당함을 인식하게 되었을 것이다. 이들은 불교에 귀의함으로써 계급론과 실제적인 신분 사이의 모순을 극복하여 자신들의 사회적 지위를 확고히 함과

---

57) *Pancavimsa Brahmana*에 의하면 브라만, 크샤트야, 바이샤는 각각 보호신들이 다르다. 즉, 브라만의 수호신은 기도주인 Brhaspati이고 크샤트리야의 수호신은 Indravaruna이며 바이샤의 수호신은 Visdevah이다(增谷文雄『佛陀時代』, p.121 에서 재인용). 또한 *Vasishtha Dharmasutra* Ⅳ.3에 의하면 성사(sacraments)도 각 계층에 따라 다른데 브라만은 Gayatri 크샤트리야는 Trishtubh 바이샤는 Gagati의 성사에 의지하여 태어나며 수드라는 성사를 받을 수 없다고 되어 있다. 그러므로 바이샤가 성장하였다 하더라도 그들의 보호신이 다르며 성사가 다르기 때문에 출생으로 얻어진 신분이 변화된다는 것은 불가능한 것이다.

58) 中村元은『インド古代史 上』p.343에서 "결코 이들은 관리적인 개념에 들지 못하고 자산가의 자격에 머물고 있다."고 하여 경제력에 있어서는 지배계층과 다름없이 성장했으나 역시 '생산계층 가운데 상층자'로서의 한계를 갖고 있는 것으로 보고 있다.

59) R. S. Sharma, *Sudras in Ancient India*, p.115.

동시에 이를 바탕으로 하여 더욱더 부를 확대할 수 있을 것을 기대하게 되었던 것이다. 그러므로 불교 교단에의 보시와 기증은 주로 이들 계층을 중심으로 일어났고 불교 교단의 중심이 되었던 커다란 정사들이 이들의 지원으로 세워지게 된 것이다. 그리고 불교는 이와 같은 상인 계층의 적극적인 경제적 지원과 지지를 바탕으로 성장했다. 불전에 나타나고 있는 상업에 대한 인식이나 상인 계층에 대한 높은 평가[60]는 상인 계층이 불교의 사회적 기반이었음을 반영하는 것으로 볼 수 있을 것이다.

본 장에서는 불교의 사회적인 기반이 되고 있는 상인 계층에 대하여 살펴보았다. 붓다시대의 상인계층으로 나타나고 있는 가하파티와 세티의 계층은 상층의 지배계층으로 인식되고 있기도 하지만 필자는 『아함경』, 『자타카(Jataka)』, 『다르마수트라(Dharmasutra)』 등을 종합적으로 검토하면 이들 계층은 바이샤 계층에서 경제적 능력을 바탕으로 성장한 계층으로 보아야 하며, 이들 계층이 상층으로 인식되고 있는 것은 이들의 세력이 성장하여 왕들과 개인적인 친분관계를 맺고 있을 뿐 아니라 국가 재정과 관련된 관리적 성격으로 성장 하고 있는 것을 반영하는 것이라고 보아야 한다고 생각한다.

경제적 능력을 가진 바이샤층이 불교에 귀의하여 불교의 중심 세력이 되었던 것은, 실질적으로 이들이 가지고 있는 사회적인 능력과 브라만교의 계급론 사이에서 나타나는 모순을 극복하기 위한 노력에서 비롯된 것이다. 경제력을 바탕으로 성장하여 불교경전들에 '고귀한 이'

---

60) 다음 생(내세)에서 태어나기를 희망하는 가문으로 부유한 상인 가문이 언급되고 있으며(『잡아함』, 경번호 1042, 「비라경」), 경작으로 큰 수익을 올리기 위해서는 많은 노력이 필요하지만 상업으로 수익을 올리는 것은 적은 노력으로도 족하다고 보는 것(Majima Nikaya vol. II, p.388), 그리고 붓다가 도시 번영의 기초가 상업 활동에 있음을 말하고 있는 것(Digha nikaya vol. II. p.92) 등으로 보면 불교에서는 상업에 대하여 높은 평가를 하고 있는 것이다. 그러나 브라만교의 문헌들에는 대개 상업에 대하여 상층자들이 할 수 없는 직업으로 규정하고 있다.

혹은 '내세에 태어나기를 희망하는 가문'으로 나타나고 있음에도 불구하고, 이들은 계급적인 사상 하에서는 생산을 담당하는 서민이라는 신분적 한계를 벗어날 수 없었기 때문에, 평등사상을 중심으로 하고 있는 불교에 관심을 갖게 되었던 것이다. 결국 상인계층이 불교에 깊은 관심을 갖고 불교의 사회적 기반으로 성장하게 된 것은 불교적인 평등론을 받아들이고 있는 것이며 이러한 평등사상을 바탕으로 사회적인 인식이 변화되어 가하파티와 세티 등이 상층 계층과 같이 인식되게 되었다고 할 수 있다. 한편으로 불교는 그 사회적 기반으로서의 상인계층에 대하여 호의적인 태도를 보이고 있다. 그것은 불교경전들에 나타나고 있는 상업에 대한 높은 평가 등에서 잘 나타나고 있다. 불교와 상인계층의 결합은 상업의 발전으로 상업세력이 성장하고 있는 고대제국의 형성 과정에서 불교가 발전할 수 있는 바탕이 되기도 하였다.

Ⅴ. 농민 계층과 불교

불교의 중심 세력을 형성한 것은 가하파티와 세티 등의 상인 계층이었다는 것을 앞 장에서 살펴보았다. 본 장에서는 네 개의 계층 가운데 최하층[1]인 수드라는 어떠한 계층이며 불교와는 어떠한 관계를 갖고 있는가 하는 것을 살펴보기로 하겠다.

1. 브라만교와 수드라

수드라의 기원은 아리아족이 인도에 침입하는 과정에서 정복민과 피정복민 사이에 그어진 사회적인 차별에서 찾을 수 있다. 피정복민인 수드라는, 아나리아(anarya, 신을 경배하지 않는, 아리아가 아닌)로서, 신을 경배하는 아리아(arya)에 속하지 못하고, 아리안 사회의 일원으로 받아들여지지 않았다.[2]

---

1) 카스트제의 최하층에는 챤드라(Chandra)와 같은 불가촉천민 계층이 있지만, 이들은 기본적인 4개의 계층에 속하지 않기 때문에 4개의 계층을 중심으로 보면 최하층은 수드라이다.

2) 카스트제의 기원에 관하여는 여러 학자들이 의견을 달리하고 있지만 수드라계층이 아리안의 침입과 그 피정복민에 대한 차별에서 형성되었다는 데에는 대개 일치하고 있다. 카스트제의 기원과 발전에 관하여는 Hutton의 *Caste in India*(London: Oxford University Press, 1981); Senart의 *Caste in India*(London: Methuen & Co. Ltd, 1930); Bougle의 *Essais sur le regime des caste* <藪中靜雄 번역, 『印度のカスト制度』(東京: 大鵬社, 1944)> 등을 참고. 아리아는 상위의 세 계층만을 지칭하는 말로 쓰이고 있는데 이러한 개념이 법전 시대까지 지속되고 있음을 법전의 여러 곳에서 볼 수 있다. *Gautama Dharmasutra* 6.11에는 '아르야는 비록 어리다고 하더라도 수드라에 의하여 존경되어야 한다'고 하고 있는데 불러는 이 문구에 대한 주석으로 "아르야는 상위의 세 계층을 말한다."라고 하고 있으며 이러한 개념은 9. 65, 10. 65, 10. 67 등에도 나타나고

브라만 문헌들에 따르면 수드라는 푸루사의 발에서 태어나, 주인을 그 신(神)으로 삼고 주인의 발을 씻어주는 것을 주요 임무로 하는3) 최하위 계층으로서 일종의 예속민과 같은 지위에 있었다. 경제적으로는 재산을 갖지 못하는 무능력 계층이었고4) 다른 계층과의 교류도 차단되어 있었다.5) 종교적으로는 재생의 범주에 들지 않는 일생족으로서 입문식(upanayana)이 허용되지 않았으며6) 모든 종교적 참여가 거부되

있다.
3) *Rig Veda* Ⅹ. 90.12; *Vasistha Dharmasutra* Ⅳ.1-3(S. B. E. vol.14, p.25); *Laws of Manu* 1.87(S. B. E. vol.25, p.9).
4) *Laws of Manu*,. Ⅷ. 413-4, 417과 Ⅹ. 129에는 '수드라는 주인으로부터 해방되어도 노예 상태로부터 해방될 수 없다. 그것은 타고난 것이기 때문에 누구도 그것을 제거할 수 없다. 노예는 재산을 소유할 수 없으며 그들이 얻은 재산은 그들을 소유하는 자에게 귀속된다. 수드라는 비록 능력이 있어도 재산을 축적해서는 안 된다. 그 이유는 수드라가 만일 재산을 가질 때는 브라만을 해치기 때문이다.'라고 하며, Ⅸ. 157에는 상위의 계층과는 달리 수드라는 장자 상속권을 인정하지 않고 균등분할 상속을 규정하고 있는데, 이러한 것들은 수드라를 경제적인 무능력자로 만들려는 의도가 담긴 것으로 보인다.
5) 수드라가 여러 면에서 상위 계층과의 교류를 차단당하고 있다는 것은 *Gautama Dharmasutra*에 잘 나타나 있다. 종교단체를 비롯한 단체에 들어가는 것이 차단되어 있는 것으로는 10.55의 '수드라는 아내와 산다'는 규정을 들 수 있다. 이 규정은 다른 계층과는 달리 수드라는 학생, 은둔자, 수행자 등의 집단에 들어갈 수 없고 그 아내와 함께 집에서만 거주해야 한다는 것이다. 경제적인 차단으로는 7.5-7과 7.22 등에 있는 궁핍한 때의 법을 들 수 있는데 '생계가 곤란할 때 브라만은 수드라의 직업을 제외한 어떤 직업으로도 자신을 부양할 수 있다.'고 하며 10.67에는 '만일 아르야와 비아르야가 그들의 직업을 교환한다면 그 둘 사이는 동등해져서 봉사를 할 필요가 없다.'고 규정하여 상위계층자들이 수드라의 직업을 택할 수 없고 수드라도 상위의 직업을 택할 수 없게 함으로써 직업적으로도 수드라는 상위 계층과의 교류가 차단되어 있다. 뿐 아니라 12.7에는 '수드라는 재생족과 함께 길을 가거나 대화를 할 때 함께 앉거나 눕거나 하면 체형을 받을 것이다.'라고 하여 일상생활의 면에서도 수드라는 다른 계층과 차별되고 있다.

었다. 수드라에 대한 종교적 차별은 『브라마나(Brahmana)』와 『다르마수트라(Dharmasutra)』 등에 잘 나타나 있다.

신은 신비한 것이다. 그 신비는 모든 것으로 둘러 싸여 있다. 그 신비함에 모든 인간이 들어갈 수는 없다. 오직 브라만, 라자야나(왕족, 크샤트리야), 바이샤만이 들어갈 수 있다. 그것은 그들만이 제를 올릴 수 있기 때문이다. 신은 모든 인간과 교류하지 않는다. 오직 브라만이거나 라자야나이거나 바이샤만이 교류할 수 있다. 그것은 그들만이 제를 올릴 수 있기 때문이다.[7]

더러운 냄새가 날 때, 시체가 마을 안에 있을 때, 수드라가 근처에 있을 때는 베다를 암송해서는 안 된다.[8]

만일 베다문헌을 암송하는 것을 수드라가 일부러 들으면 그의 귀를 주석이나 락(lac)으로 막으며, 수드라가 베다를 암송하면 그의 혀를 자를 것이며, 그 베다의 문구를 기억하면 그 몸을 두 동강이 낼 것이다.[9]

이와 같이 수드라는 브라만교의 모든 종교적인 참여가 거부되었고

---

6) *Vasistha Dharmasutra* 2.1-6(S. B. E vol. ⅩⅣ p.9). 우파나야나(입문식, Upanayana)가 허용되지 않는다는 것은 재생족의 범주에 들 수 없다는 것이 된다. *Gautama Dharmasutra* 1.8에는 '입문식은 실로 제2의 탄생이다.'라고 되어 있다. 재생족이라고 하는 것은 종교적으로 새로운 탄생의 의례를 받을 수 있는 권리를 가짐을 의미한다. *Laws of Manu* 10. 4에는 '브라만 크샤트리야와 바이샤는 2번 태어난다. 수드라는 1번 태어날 뿐이다. 제5의 자는 없다.'고 함으로써 수드라는 육체적인 탄생만을 인정하고 있다. *Vasistha Dharmasutra* Ⅰ.49-79(S. B. E. vol.14, p.56); *Gautama Dharmasutra* 1.22-24, *Vishunu Sutra* 27; *Apastamba Dharmasutra* 1.1.1.19-36(S. B. E. vol.2, p.3) 등에는 입문식 거행의 나이, 의복 등에 관한 상세한 기록이 있다.

7) *Satapatha Brahmana* 3.1.1. 8-10(S. B. E. vol.26, p.4).

8) *Gautama Dharmasutra* 16.19(S. B. E. vol.2, p.261); *Apastamba Dharmasutra* 1.3.9.8-9에는 수드라와 아웃카스트(out caste, 불가촉민)가 있는 곳에서 베다의 암송이 금지되고 있다.

9) *Gautama Dharmasutra* 12.4-6(S. B. E. vol.2, p.239).

심지어 수드라를 제에 참여시킨 자까지도 속죄 의식을 치루어야 하는 정도였다.[10] 뿐 아니라 수드라는 두발의 짐승으로 표현되기도 하는 등의 동물적인 취급[11]을 받기도 하여 사실상 인간으로서의 대우가 전혀 보이지 않을 정도로 신분적, 경제적, 종교적으로 차별되고 있는데, 특히 종교적인 면에서 더욱 심한 것을 지금까지 살펴본 예에서 충분히 알 수 있을 것이다. 이러한 문제들에 대하여 마스타니 후미오(增谷文雄)의 다음과 같은 지적은 타당성이 있다고 생각된다.

> 직업적인 측면에서 보면 바이샤와 수드라의 구분은 매우 느슨해서 때로는 교차되어 있는 것처럼 보이기도 하지만 종교적인 측면에서의 구분은 느슨해지는 일이 없다. 수드라가 글을 배우고 수공을 배우는 것들은 허락되지만 베다를 학습하는 것은 엄격하게 금지되어 있다. 돈 많은 수드라는 있을 수 있어도 그들의 손이 닿은 음식은 여전히 부정한 것이었고 브라만교에 들어가는 것은 결코 허용되지 않았다. 그들이 참가하는 것은 곧 더럽혀짐을 뜻하기 때문에 이러한 상태로는 제사를 행할 수 없었던 것이다.[12]

우파니샤드시대에 이르면 하층 계층에 대한 종교적 차별이 어느 정도 약화되었다고 보기도 하는데 그것은 스승과의 대화에 참여하고 있는 하층 계층이 보이고 있기 때문이다. 하층 계층이 대화에 참여하고 있다고 하는 우파니샤드의 내용을 요약하면 다음과 같다.

---

10) *Gautama Dharmasutra* 20.1에는 수드라를 위한 제사를 금하고 있으며 *Laws of Manu* 3.178; 11.24; 11.42 등에는 '수드라는 제에 참여할 수 없고 수드라를 위하여 제를 올려주는 브라만은 그 보시의 선과를 잃어버리기 때문에 결코 수드라로부터 제를 올리기 위한 재물을 받아서는 안 된다.'고 규정하고 있다. 또 *Satapatha Brahmana* 5.3.2.2-4에는 수드라를 제에 참여시킨 왕은 속죄의식을 치러야 한다고 기록되어 있다.
11) *Apastamba Dharmasutra* 1.9.25.13에는 '만일 소, 카멜레온, 공작새, 개구리, 개 등을 살해한 자는 수드라를 살해한 자와 같은 속죄를 해야 한다.'고 하여 수드라는 동물과 같은 수준으로 취급되고 있다.
12) 增谷文雄, 『佛陀時代』, p.53.

여자 노예인 자바라(Jabala)에게 아들이 있었는데 그 이름을 사티야가
마(Satyagama)라고 하였다. 사티야가마는 브라만 스승인 하리드라마타
(Haridra-mata)에게 찾아가 "나는 당신으로부터 입문식 허락을 받아 브라
만이 되고자 합니다. 허락해 주시겠습니까?" 하고 물었다. 입문식을 거행
해 주기에 앞서 스승은 입문자의 성을 묻도록 되어 있었기 때문에 하리
드라마타는 사티야가마에게 출신과 성을 물었다. 이에 사티야가마는 "나
의 성은 알 수 없고 어머니가 어느 집에 비녀로 있을 때 태어났다는 이
야기를 어머니로부터 들었습니다."라고 말하였다. 그러자 하리드라마타는
"브라만이 아니고서는 이와 같이 말을 할 수가 없다. 나는 너를 제자로
삼아 입문식을 거행하겠다. 가서 준비하라. 그것은 네가 진실을 버리지
않았기 때문이다."라고 말하고 입문식을 허락하였다.[13]

위에 인용된 것을 통하여 노예의 아들인 사티야가마가 입문식을 할
수 있었음을 알 수 있는데, 이 예는 하층 출신의 종교적 기회의 확대
라는 면으로 이해하기에는 미흡한 측면을 갖고 있다. 하층 출신자에게
입문식을 허용하여 종교적 기회를 주고 있는 것은, 하층 출신자로서의
계급을 인정하는 상태에서가 아니라 그의 행동이 브라만과 같기 때문
이라고 하고 있기 때문이다.[14] 그러므로 우파니샤드 시대에도 브라만
교에서는 수드라와 하층 계층에 대한 차별은 그다지 완화되지 않고 있
다고 볼 수 있으며 이들 계층은 결코 아리안의 범주에 들지 못하고
차별되는 존재[15]로 남아 있었다고 할 수 있을 것이다.

---

13) *Chandogaya Upanishad* 4. 4.1-5(S. B. E. vol.1, p.60).
14) 藤謙敬은 챤도가야 우파니샤드에 입문식이 허용되고 있는 노예여자의 아들인
사트야카마(Satyakama)는 예외적인 것으로 이것은 결코 하층 카스트의 자로서
가 아니라 브라만 대우로써 허가되고 있는 것이라고 한다(「古代イント下層カ-
ストに關する若干の考察」, 『印度學佛教學 研究』, 13권 2호, p.43).
15) Hopkins, 「Family Life and Social Customs as They Appear in The Sutras」,
Cambridge History of India, vol.1, p.215.

2. 수드라와 농업

붓다시대로부터 마우리아 왕조에 이르는 시기는 사회적으로나 경제적으로나 변혁의 시기라고 할 수 있다. 앞서 언급한 바와 같이 이 시기는 정치적으로는 4대 강국들 사이에 전쟁이 지속되었으며, 이후 마가다를 중심으로 하는 통일세력이 형성되었고, 최종적으로는 마우리아 왕조에 의한 통일 왕조가 건설된 시기이다. 경제적으로는 농업 생산의 비약적인 발전과 이를 바탕으로 하는 상업의 융성, 화폐경제의 발달을 보이는 시기이다. 이러한 시대적 배경 속에서 농업 생산에도 많은 변화가 일어났는데 본 절에서는, 붓다시대의 토지 소유 형태에 관하여 간략히 살펴보고 농업에 종사한 계층은 어떠한 계층이었는가, 붓다시대 이후 농업 생산에는 어떠한 변화가 일어났으며 토지 경작을 담당한 자들은 누구인가 하는 면을 검토해 보기로 하겠다.

1) 붓다시대의 토지 소유 형태

아리아인들은 원래 유목민이었으나 인도에 침입하여 펀잡 지방에 정착한 이래 목축과 함께 농사를 짓게 되었고 점차 농업 중심의 촌락 사회를 형성하게 되었다. 인도 고대의 농업에 대하여는 많은 연구가 이루어져 왔는데 토지 소유 형태에 관하여는 이견이 속출하여, 인도의 토지 제도에 대한 많은 연구가 진행된 지금까지 별로 좁혀지지 않고 있다.

『마누 법전』과 『메가스테네스의 단편』 등을 바탕으로 스미스(V. A. Smith)와 홉킨스(E. W. Hopkins) 등의 학자들은 토지는 왕의 소유였다고 하며[16], 고샬(U. N. Ghoshal), 샤르마(R. S. Sharma), 챠우드리(Radhakrishuna Chaudhary), 이와모도 유타카(岩本裕) 등의 학자들은 베

---

16) V. A. Smith, *Early History of India*(London: Oxford, 1914), p.131. E. W. Hopkins, India, Old and New,(Newyork: 1901), pp.206-229.

다, 법전류, 불전 등을 바탕으로 베다시대로부터 토지는 개별적으로 소
유되었다고 한다. 그런데 인도 고대의 토지 소유 형태는 단적으로 한
가지로 규정할 수 없는 면이 있다. 토지가 왕유였다고 볼 수 있는 근
거들과 더불어 사적으로 소유되고 있었다고 하는 사료들도 존재하고
때로는 같은 사료에서 왕유와 사유의 흔적을 다 찾아 볼 수 있기 때
문이다.

우선 토지가 왕의 소유라고 하는 왕유론은 『마누법전』의 '만일 농민
이 실수하여 곡물 생산에 피해가 발생하면 왕의 취득 분의 10배를 벌
금으로 내야하며 고용인이 잘못하여 피해가 발생한 경우는 5배의 벌금
을 내야 한다'[17], '왕은 전대지를 향수하는 자이다'[18] '왕은 지상에서
발견되는 보물과 재화의 반을 갖는다. 왜냐하면 왕은 전 대지의 주인
이기 때문이다.'[19]라는 것들과 메가스테네스 단편의 '두 번째 계층은
농민인데 이들이 인구의 대부분을 차지한다. ─모든 토지는 왕의 소유
이며 농민은 생산의 1 / 4를 받는 조건으로 경작한다.'[20]라고 하는 것들
을 근거 사료로 하여 전개되었다.

이러한 사료에 나타나고 있는 토지의 소유권이라고 하는 것은 구체
화된 개념이라기보다는 관념적으로 전 대지가 왕의 소유라고 하는 것
이며 토지로부터 거두어들이는 세(tax)는 소유권을 바탕으로 한 것이기
보다는 통치권을 바탕으로 형성된 것[21]으로 볼 수 있다. 그러므로 전
대지가 왕의 소유였다고 보는 것은 무리일 것이다. 그러나 실질적인 면
에서 왕이 소유한 토지가 존재하지 않는 것은 아니다. 『아르타사스트라
』에 보이는 왕령지(sita, crown land),[22]와 같은 것들은 국왕의 사유 토

---

17) *Laws of Manu*, 8.243, p.297.
18) *The Laws of Manu*, 7.148, p.239.
19) The Laws of manu, 8.39, p.259.
20) J. W. McCRINDLE, *Ancient India as described by Megasthenes and Arrian*,
    pp.83-84.
21) B. G. Gokhale, *Ancient India History and Culture*(Bombay: 1959), p.110.
22) Kangle, Ibid, 2.6.3, p.87; 2.15.1, p.139; 2.24.16, p.172.

지의 성격을 갖고 있는 것인데, 이러한 왕령지들은 전쟁이 확대되는 4국 시대에 왕권 강화의 물적 자원[23])이 되었기 때문에, 왕권 강화와 전쟁의 승리를 추구하는 왕들은 왕의 사적 토지 소유를 확대하려 했을 것이며, 이것은 황무지의 개척과 삼림지 등의 공동소유 토지에 대하여 왕의 소유권이 확대되는 방향으로 나타났고, 이러한 황무지의 개척과 왕령지의 확대는 마우리아시기에 이르러 절정에 달했던 것으로 보인다.

다음으로 토지는 농민에 의해 사적으로 소유되었다고 보는 학자들이 많은데 이와모도 유타카는 '리그베다에는 경작지가 세밀하게 측량되고 있는데 이러한 것들은 토지가 사유되고 있음을 나타내는 것이다'[24])라고 하여 베다시대로부터 토지의 사적 소유가 인정된다고 보고 있으며 챠우드리(Radhakrishuna Chaudhary)는 '*Aiteraya Brahmana*에는 초보적인 사유의 관념이 보이고 있으며, 『마누법전』에는 잡초를 제거하고 경작 가능하게 만든 자가 경작지의 소유자라고 하였으며, 『밀린다팡하』에는 토지를 경작 가능하게 만든 자를 토지의 소유자라고 하고 있기 때문에 적어도 『다르마수트라』시기에는 토지가 사유되고 있다고 볼 수 있다'[25])고 논하고 있다. 『다르마수트라』와 같은 시대로 볼 수 있는 불전에도 토지가 사적으로 소유되고 있음을 볼 수 있는 것들도 있고,[26]) 『마누법전』에는 앞에서 언급한 바와 같이 전토의 소유주가 왕으로 나타나고 있는 것과 더불어 경작지의 경계 표시에 대한 언급이나[27]) 남의 것을 훔치는 자에 대한 규정을 담고 있는 곳에서 말, 금은, 보석들과 함께 토지가 언급되어 있는 것[28]) 그리고 토지는 숲을 개긴힌 자의

---

23) 중국의 경우 전국시대에 부국강병을 위한 군주권의 물적 자원이 '산림수택의 군주가산화'에 있었다고 보는데(이성구, 앞의 책, p.126) 이와 유사한 상황이 인도의 4국 시대 이후 왕권의 강화 시기에도 전개되었다고 볼 수 있을 것이다.
24) 岩本裕, 「古代インドの農業」, 『古代史講座』 8, p.255.
25) Radhakrishna Chaudhary, Ibid, p.49.
26) Vinaya Text, 「Cullavagga」 6.4.9에는 아나타핀디카가 기원정사를 세우기 위하여 제타태자의 정원을 사들이고 있는 내용이 있는데 이러한 것은 토지가 매매되고 있음을 보이는 것이다.
27) *The Laws of Manu*, 8.262-3, p.300.

소유이며 사슴은 먼저 쏘아 맞힌 자의 소유다[29]라고 하는 것들은 사적 소유를 인정하기에 충분한 근거가 된다고 볼 수 있다.

이와 같이 고대 인도에 있어서 토지의 사적소유를 인정할 수 있는 것과 더불어 왕이 토지를 소유하고 있었다고 하는 면도 보이고 있는데 이러한 것은 방대한 인도 반도 내에서 문화적 형식이 동시적으로 발전한 것이 아니라 많은 문화적 양상이 병존하고 있기 때문에 일어난 현상이라고 할 수 있을 것이다.

필자는 일반 농민들의 경우 토지를 사적으로 소유하고 있었고, 이와 더불어 국가 소유의 토지와 공동으로 소유한 토지도 있었다고 보며, 왕의 소유라고 할 수 있는 토지는 대개 신개척지와 왕령지 등이며 공동소유 토지는 촌락 사이의 삼림지대나 촌의 경계지역이었을 것이라고 보는 것이 타당하리라고 생각한다.

2) 붓다시대의 농민

붓다시대까지 농업에는 어떠한 계층이 종사하고 있었는가. 브라만 법전류들에는 '상업, 농업, 목축 등의 생산 활동은 바이샤의 직업'이라고 규정되어 있기 때문에 농민은 바이샤 계층이라고 볼 수 있다. 그러나 농업에 참여하고 있는 계층은 바이샤만은 아니었다. 『다르마수트라』에는 기본적으로 네 개의 계층과 그에 적법한 직업을 분류해 놓은 것과 함께 '궁핍한 때의 법'이라는 직업 선택의 예외 규정을 두고 있다.[30] 궁핍한 때의 규정은 『다르마수트라』 대부분이 다루고 있는데 가장 자세히 언급되어 있는 것은 『바시스타 다르마수트라(Vasishtha Dharmasutra)』이다.

---

28) Ibid, 11.58, p.441.
29) Ibid, 9.44, p.335.
30) *Vasishtha Dharmasutra*, pp.12-6; *Gautama Dharmasutra*, pp.212-4; *Apastamvba Dharmasutra*, pp.72-3; *Baudhayana Dharmasutra*, pp.173-4.

자신의 적법한 직업으로 살아갈 수 없는 사람은 자신보다 하위의 직업을 택할 수 있다. 상위의 것은 안 된다. 브라만과 크샤트리야는 바이샤의 직업으로 살아갈 수 있으나 다음과 같은 것을 판매 하는 것은 안 된다. 돌, 소금, 삼베옷, 실크, 린넨옷, 그리고 가죽, 염색된 옷 등이다. 고기와 락(lac), 소금을 판 브라만은 즉시 아웃카스트(카스트에서 추방된 불가촉천민)가 되며 우유를 팔면 3일 후에 수드라가 된다. 길들여진 짐승 가운데 쪽발이 아닌 동물이나 털이 많은 것을 팔아서는 안 되며 야생동물이나 새들도 판매할 수 없다.

곡물 가운데서는 참깨의 판매를 금지하며 직접 경작하여 생산한 참깨는 팔아도 된다. 그것을(참깨 생산 판매) 위하여 코를 뚫지 않은 두 마리의 황소로 아침 식사 이전에 밭을 갈아야 한다. 만일 뜨거운 계절에 쟁기질을 한다면 비록 아침이라 하더라도 황소에게 물을 주어야 할 것이다. 쟁기질은 강한 남성 즉 남자와 수소에 의해 수행되어져야 한다.[31]

위에 인용된 『다르마수트라』에 나타나고 있는 '궁핍한 때의 법'이라고 하는 것을 요약해 보자면 첫째, 상위 계층인 브라만이나 크샤트리야는 적법한 직업으로 생계를 유지하기 어려울 때는 하위 계층의 직업을 선택할 수 있다. 즉 브라만은 크샤트리야와 바이샤의 직업을, 그리고 크샤트리야는 바이샤의 직업을 선택할 수 있다고 하는 것이다. 둘째, 바이샤의 직업을 상위 계층자가 선택할 때에는 많은 제한 규정을 두고 있는데 특히 상업활동에 관한 것이 '금지 규정'의 주를 이루고 있다. 셋째, 브라만이나 크샤트리야가 상업을 할 때 취급할 수 없는 목록에 들어 있는 것 가운데 이늘이 '직접 생산한 것이라면 매매해도 좋다.'는 단서가 붙어 있고 이러한 단서는 농업생산물에 붙어 있다.

이러한 것을 종합적으로 보면 상위 계층자가 바이샤의 직업을 선택할 수는 있으나 상업에 종사하는 데는 많은 제한이 있었기 때문에 상업을 선택하는 경우가 많지 않았을 것으로 보인다. 그러나 농업에 관하여는 제한 규정이 없을 뿐 아니라 매매 금지된 품목 가운데 '직접

---

31) *Vasishtha Dharmasutra* 2.22-51(S. B. E vol.14, pp.12-16).

생산한다면' 하는 규정이 있는 것으로 보아 상층자들이 농업을 선택하는 데는 별다른 제약을 받지 않았고, 직접 생산한 것은 매매할 수도 있었기 때문에 상층의 브라만이나 크샤트리야들이, 바이샤의 직업 가운데 농업을 선택할 수 있는 여지가 더 많다고 볼 수 있다.

그러므로 붓다시대에는 농업에 종사하고 있는 브라만과 크샤트리야들이 있었을 것이며 불전에서도 그러한 예를 찾아볼 수 있다. 『자타카』에는 브라만이 고용 노동자를 고용하여 농사를 짓거나[32] 직접 쟁기나 괭이를 들고 농사를 짓는 모습들이 서술되어 있으며[33] 농사를 짓는 크샤트리야도 있다.[34] 따라서 베다시대로부터 다르마수트라에 이르는 시기까지 농업에 대하여는 브라만들에게 별다른 제약이 없었던 것으로 볼 수 있으며[35] 농업에는 다양한 계층들이 종사하고 있었다[36]고 할 수 있을 것이다.

그런데 다르마수트라 시대 후기에 속하는 『마누법전』에는 농업에 대하여 다른 『다르마수트라』들과는 다른 견해가 나타나고 있다.

바이샤의 생활수단으로 살아가는 브라만과 크샤트리야는 농업을 피해야 한다. 그것은 많은 생물을 해치고 다른 것에 의존(소나 사람 등의 다른 것에 의존하는 것)하게 하기 때문이다. '농업은 훌륭한 것이라고 생각하는 자들이 있다. 그러나 이 농업이라고 하는 생활 수단은 유덕자에 의하여 비난된다. 앞 끝에 쇠붙이를 붙인 목재 도구는 땅과 땅에 사는 생

---

32) *Jataka* vol.Ⅲ, p.388(경번호 389); vol.Ⅳ, p.183(경번호 486).

33) Ibid, vol.Ⅱ, p.115(경번호 211); vol.Ⅲ, p.108(경번호 354); vol.Ⅴ, p.38(경번호 516).

34) Ibid, vol.Ⅳ, p.219(경번호 536).

35) 뷸러는 '쟁기는 강한 남성, 즉 강한 남자와 수소에 의하여 수행되어야 한다. -' 는 『바시스타다르마수트라』의 문구는 「Vagasaneyi samhita」에 있는 문구인데, 바시스타에 그것이 인용되고 있는 목적은 베다시대에 농업이 소마제를 올리는 브라만에게 허용되고 있음을 보여주기 위한 것이라고 했다.(S. B. E. vol.14, p.13 <2.34의 주>).

36) Mrs. Rhys Davids, 「Economic Conditions According to Early Buddhist Literature」, *The Cambridge History of India* Vol.Ⅰ, p.196.

물을 해치기 때문이다.' 그러나 생계를 유지하기 어려워서 자신의 의무를 포기한 자는, 재산을 늘리기 위하여 바이샤에 의하여 판매되는 상품들을 판매해도 된다.(여기에도 제한 상품이 열거되어 있는데 그것은 다른 다르마수트라와 유사하다.)[37]

다른 다르마수트라들에는 궁핍할 때 상위 계층이 선택할 수 있는 바이샤의 직업 가운데 농업에 관한 금지 규정이 없는데 『마누법전』에는 농업에 관한 제한이 추가되어 있다. 필자는 이러한 현상은 베다시대 이래 다르마수트라시대를 거치면서 농업에 대한 인식이 변화되었기 때문이라고 생각한다. 이 시기에 농업에 대한 인식의 변화가 어떻게 일어나게 되었는가 하는 문제를 검토하기 위해 다음 소절에서는 붓다시대 이후 농업 생산의 변화에 대하여 살펴보기로 하겠다.

3) 붓다시대 이후 농업 생산의 변화

붓다시대로부터 마우리아제국에 이르는 시기는 농업 생산이 비약적으로 발전하는 시기이다. 이 시기의 농업 생산이 증대된 것은 황무지와 미개간지 등을 개간하여 경작지가 늘어났으며, 철제 농기구의 사용과 시비법의 발달로 단위 면적당 농업 생산량이 증대되었기 때문이다. 이러한 농업 생산의 변화는 왕권의 강화와 국가 발전의 경제적 바탕을 제공하였으나 한편으로는 농업에 대한 부정 의식도 증가시켰던 것으로 생각된다. 본 소절에서는 황무지의 개척, 철제 농기구의 사용, 시비법의 발달을 중심으로 이 시기에 일어난 농업 생산 과정의 변화를 살펴보고자 한다.

(1) 황무지의 개척
붓다시대로부터 마우리아에 이르는 시기는 미야자키 이치사다(宮崎

---

37) *The Laws of Manu* X. 83-95(S. E. B. vol.25, pp.420-422).

市定)의 동양사 시대 구분의 시각으로 본다면 영토국가로부터 제국에
이르는 시기로 사회적 변동이 크게 일어나는 시기였다. 국가와 국가
간의 전쟁이 극대화되면서, 전쟁에서 우위를 차지하기 위해서는 생산
력의 뒷받침이 필요하게 되었다.[38] 경제력의 확보는 각 국간의 전쟁에
있어서 국가의 존망을 결정하는 결정적인 요소였다. 각 국은 국내의
생산력을 증대시키기 위해 관개 시설을 확충하고, 아울러 황무지를 개
간하여[39] 국가의 사적 소유지라고 할 수 있는 왕령지 확대에 매진했
다. 붓다시대 이후 진행된 미개간지와 황무지의 개척은 마우리아시기
에 이르러 절정에 달하는 것으로 보인다.

  황무지의 개간과 미경작지의 개척은 경작지의 확대를 가져왔고 확대
된 농지에서의 농업을 담당할 농민을 필요로 하게 되었다. 새로운 개
척지를 경작할 농민을 확보하기 위해 다양한 정책이 필요하게 되었을
것인데 자타카에는 신개척지의 경작자가 어떠한 계층이었는가를 추론
할 만한 자료는 없다. 그러므로 자타 카시기의 개척지 농민의 성격을
논하기는 어려운 면이 있다. 그러나 마우리아 시기의 사료라고 볼 수
있는 『아르타사스트라(Arthasastra)』[40]에는 수드라 개척민에 대한 기사
를 볼 수 있다.

    이미 개척된 지역이나 아직 개척되지 않은 지역에, 타국으로부터 사람
    을 이주시키거나 자국의 인구 과잉지로부터 이주시켜 정착시켜야 한다.

---

38) 宮崎市定, 『중국사』(서울: 역민사 번역출판), p.20.
39) *Jataka vol.Ⅳ*, p.104(경번호 467, 「Kama Jataka」)에서는 아치라봐티 강가에서
    숲을 베어 내고 개간하여 밭을 일구고 있는 모습을 볼 수 있다. 이러한 형태
    로 강가를 중심으로 시작된 개간은 철제 농기구들이 보급되면서 점차 삼림 지
    대의 개간으로까지 확대되었을 것이다.
40) 마우리아제국의 챤드라굽타 때의 재상으로서 마우리아제국의 형성 과정과 제
    국의 통일에 중요한 역할을 담당하였던 카우틸리야가 쓴 정치서다. 이 아르타
    사스트라의 편집년대에 대하여는 이견이 많으나 대개 기원 전후의 시기에 편
    찬된 것으로 보고 있다. 본 연구에서는 Kangle이 영어로 번역한 *The Kautiliy
    Arthasastra*(Bombay: University of Bombay, 1963)를 주요 텍스트로 한다.

주로 수드라 경작자로서 최저는 100가족 최대는 500가족으로 구성되고, 1 크로사(krosa, 2.25 miles) 혹은 2 크로사에 걸친 경계를 가지며, 상호 방호되어지는 촌락을 이루어야 한다.[41]

『아르타사스트라』에 의한다면 개척지에는 수드라를 주로 이주시키는 것이 좋다고 하는 것인데 미개척지나 황무지의 개간에 수드라 경작자 가 더 적당하다고 인식되었던 것은 무엇 때문이었는가.

고대 인도의 조세는 토지의 비옥도와 관계 시설의 사용 정도에 따라 수확량의 1/3에서 1/12까지 다양하게 나타나고 있는데 보편적인 조세는 수확량의 1/6세였다.[42] 그런데 메가스테네스의 기록을 인용하고 있는 디오도러스(Diodorus)의 단편에는 농민의 조세에 대하여 수확량의 1/4세를 기록하고 있는 반면에 스트라보(Stravo)의 단편에는 3/4세를 기록하고 있다.[43] 이에 대하여 타파는 '스트라보의 기록은 왕령지나 개척지의 조세인 것'[44]으로 보고 있는데 타파가 추론하는 것과 같이 스트라보가 기록하고 있는 3/4세가 왕령지, 개척지 등의 조세라고 한다면 이곳의 농민은 일반 토지 소유의 농민들과는 달리 그들의 재생산 구조 속에 국가가 깊이 관여하고 있었을 것이며, 이들 개척지의 농민은 국가에 대한 의존도가 상당히 높은 상태였을 것임을 추측하기 어렵지 않을 것이다.[45] 이와 같이 국가에 대한 예속성이 강한 농업

41) Arthasastra 2.1.2(Kangle, The Kautily Arthasastra vol.II, p.62).
42) Romila Thapar, Asoka and the Decline of the Mauriyas, p.66.
43) J. W. McCRINDLE, Ibid, p.39(Diodorus, II. 40); p.84(Strabo, XV. i.40). 메가스테네스는 마우리아의 챤드라굽타왕 때 셀레우코스(Seleokos)왕조와 화평을 맺은 후 인도에 사절로서 파견되어 있던 사신이었으며 그는 인도에 대한 견문록으로 Ta Indika를 썼던 것으로 보이나 현재는 그 원본은 남아 있지 않고 이후 여기저기에 인용되어 있던 단편들을 모아 놓은 것들이 남아 있다. 여기에 인용한 조세에 관한 것은 메가스테네스의 인디카를 인용하고 있는 디오도러스와 스트라보의 기록으로부터 모아진 단편으로 7개의 계층을 설명하는 가운데 농민에 관한 기록이며 두 기록의 조세 부분에 조금 차이가 있다.
44) Romila Thapar, A History of India, p.65.
45) 『마누법전』에는 수확물의 1/6-1/12까지의 조세의 다양성을 기록하고 있으며

생산에 일반의 인민을 이주시킨다고 하는 것은 불가능한 일이었을 것이기 때문에 고용 노동자나 예속민을 이주시켰을 것이며 『아르타사스트라』를 근거로 한다면 수드라들이 주로 이주되었을 것이다.

　『자타카』에 황무지를 개척하고 있는 모습들이 묘사되어 있으며 『아르타사스트라』에도 개척지에 대한 언급을 하고 있는 것은, 붓다시대 이래 황무지, 미개간지 등의 개간이 이루어지고 있음을 반영하는 것이다. 왕들은 이러한 황무지를 개간하여 왕령지화 함으로써 부국강병의 물적 기반으로 삼았을 것이며, 부족한 농업 노동력을 보충하기 위해 봉사계층으로 규정되어 있던 예속성이 강한 수드라 계층을 경작자로서 개척지 혹은 왕령지의 농업 생산에 참여시켰을 것이다.

(2) 농기구의 발달

　붓다시대까지의 농업 기술은 우경농업이 시작되기는 했지만 철제 쟁기 사용이 본격적으로 이루어지지 않은 단계다. 대개 2-4마리의 소가 목재의 쟁기로 밭을 갈았기 때문이 나무뿌리를 제거하기 힘든 삼림지대 등의 개간은 적극적으로 이루어지지 않고 「카마 자타카」에 보이는 것과 같이 강변 지역들이 주로 개간되었다.[46] 이 시기에 아직 철제 쟁기가 많이 사용되지 않았다는 것은 한 번의 경작을 위해 여러 번의 쟁기질을 하고 있는 것에서 알 수 있다.[47] 그러나 붓다시대 이후 철기가 생산 도구에 사용되면서 철제 쟁기가 일반적으로 사용되기 시작하였다.

　고고학적 발굴에 의하면 철제 농기구의 풍부한 보급은 NBP(North Black Polished Ware) 2기에 나타나는데 이 시기는 대략 기원전 300년에서 기원전 100년경까지로 본다. NBP 시기는 B. C 600년경에서 B.

　카우틸야는 비상시에는 1 / 4의 세를 걷는 것으로 기록하고 있어서 3 / 4세는 중세에 속함.
46) *Jataka vol.*Ⅳ, p.104(경번호 467).
47) R. S. Sharma, *Material Culture and Social Formations in Ancient India*, p.93.

C 100년경까지인데 두 시기로 나누어 1기는 B. C 600에서 B. C 300년까지 2기는 B. C. 300에서 B. C. 100년까지로 보고 있다. NBP 1기에 인도는 철기 시대에 들어가게 되었으나 본격적으로 철기가 생산 도구로 사용된 것은 2기에 일어난 것으로 추정되고 있다.[48]

문헌적으로 보면 『바두야나 다르마수트라』에 농기구를 가지고 일용 노동을 하는 자들이 괭이, 가래 등의 철제 농기구를 사용하는 것이 나타나며[49] 『자타카』에는 괭이 대장장이 등이 등장하는 것으로 보아[50] 붓다시대에는 이미 철제 농기구가 어느 정도는 사용되고 있었던 것으로 볼 수 있다.

인도의 토양을 살펴보면 갠지스 강 상류에서는 목제 쟁기로의 경작이 가능했으나 갠지스 강 중류지역은 철제 농기구로 나무뿌리를 제거하지 않는 한 경작지로의 개간이 불가능하였기 때문에 목제 쟁기를 가지고는 그다지 효과를 얻을 수 없었다. 그러므로 삼림 지대가 많았던 갠지스 강 중류지역 시대 이후 철제 농기구가 사용되기 시작하여, 붓다시대 이래 철제 농기구의 사용은 점차 증가되었고 마우리아제국시대에 이르면 철제 농기구의 사용이 보편화됨으로써 이를 바탕으로 농업생산은 비약적인 발전을 이룰 수 있었을 것이다.

(3) 시비법의 발달

붓다시대 이후 농업 생산량은 꾸준히 증가했는데 생산력의 증대는 농기구의 발달과 더불어 관개 시설이 확보 그리고 지력 증대를 위한 시비법의 발달에 힘입어 이루어지는 것임은 재론의 여지가 없을 것이다. 농업에 비료를 사용하게 된 시기는 브라마나 시대부터[51]인 것으로 보

---

48) R. S. Sharma, Ibid, p.91.
49) *Baudhayana Dharma Sutra* 3.2.5-6(S. B. E vol.2, p.288).
50) *Jataka,* 경번호 70, 「Kuddala Jataka」; 경번호 218, 「Kuta Vanija Jataka」; 경번호 387, 「Cusi Jataka」; 경번호 516, 「Mahakapi Jataka」.
51) 岩本裕는 「古代印度の農業」, 『古代史講座』 8, p.254에서 베다문헌에 의거하여 베다시대부터 소의 분뇨가 비료로 사용되고 있다고 하며, 增谷文雄은 『佛陀時代』,

이는데 이 시기 이후 점차 시비술은 발전하였을 것이다. 일반적으로 시비법은 주로 풀 등을 썩힌 것을 밭에 뿌리는 녹비의 단계를 시작으로, 동물의 분뇨를 사용하는 단계를 거쳐 인분을 사용 단계로 발전한다.[52] 법전류 등에는 분뇨가 묻는 것은 부정한 것으로 인식되고 있고 『마누법전』에는 분뇨로써 더럽혀진 토지는 부정한 것이며 이렇게 더럽혀진 토지를 정화하는데 소의 분뇨가 쓰이고 있다.[53] 이것은 『마누법전』 시대에 이미 소의 분뇨가 비료로 쓰이고 있는 것의 반영이 아닌가 생각된다. 그러므로 지력을 높이기 위해 브라마나 시대에 비료를 사용하기 시작하였으며, 마누법전이 편찬되는 시대에 이르는 동안 시비술은 계속 발달하여 동물의 분뇨를 비료로 사용하게 되었던 것으로 볼 수 있다. 『마누법전』의 편찬연대를 대개 기원전 2세기에서 기원후 2세기 정도로 보고 있지만 『마누법전』은 기존의 『다르마수트라』들의 종합적인 성격을 갖고 있다는 점을 고려한다면 붓다 시대 이후 멀지 않은 시기에 동물의 분뇨가 비료로 사용되었다고 보아도 무리가 없을 것이다.

지금까지 붓다시대 이후 농업생산에 어떠한 변화가 일어났는가 하는 것을 살펴보았다. 농경지의 확대를 위한 황무지와 미개간지의 개척이 적극적으로 추진되고, 철제 농기구의 사용이 보편화되었으며, 시비법이 발달하여 동물의 분뇨가 비료로 사용되게 됨으로써 농업생산의 비약적 발전이 이루어지는 시기가 바로 붓다시대 이후 마우리아제국에 이르는 시기였다. 그런데 농업생산의 변화는 한편으로는 농업의 부정성을 증가시키게 되었다. 농업이 부정한 직업으로 인식되게 된 계기는 첫째, 황무지의 개척으로 수드라계층이 농업에 종사하게 되었다는 것이다.

---

p.69에서 브라마나 시대 이후 비료의 사용법을 알게 되었다고 보고 있다. 필자의 견해로는 브라마나 이후 점차 비료가 쓰이기 시작한 것으로 생각된다. 『잡아함』 3권, p.85에도 '소의 분뇨를 바른 땅의 청정함'에 대하여 기록되어 있다.

52) 西山武一, 『アジア的農法と農業社會』(東京: 東京大學出版會, 1971), p.41.
53) *Law of Manu* 5.130(S. B. E. vol.25, p.192).

개척지의 경작을 위하여 수드라가 많이 이주되었을 것이라고 하는 것은 앞에서 살펴보았는데 수드라 경작자가 증가하면서 농업에 대한 부정적 인식이 형성되었다. 브라만들은 궁핍한 때의 법이라고 하는 규정을 두어 상위 계층도 궁핍한 때에는 하위 계층의 직업에 종사할 수 있도록 하고 있으나 수드라의 직업을 택할 수는 없다고 하는 것이 다르마수트라를 비롯한 브라만 문헌의 일반적인 견해이며, 『고타마다르마수트라』에는 '아리야가 수드라와 직업을 함께 한다면 이들은 동등해진다.'[54]고 하는 규정도 있다. 그런데 수드라가 농업에 참여하고 있다고 한다면 상위 계층으로서는 궁핍하다고 하더라도 농업에 종사할 수 없게 되는 것이다.

  농업을 부정적인 직업으로 인식하게 된 두 번째 요인은 농업 생산과정에서 점차 살생이 증가하게 되었다고 하는 것이다. 철제 농기구의 일반적 보급으로 농업생산과정에서 땅과 땅의 생물을 해칠 수 있는 강도가 높아져서 생산과정에서의 살생이 증가하게 되었다. 살생에 대하여는 브라만교에서도 금지하고 있는 면이 있으나 브라만교 제식 행위 자체가 동물의 살생을 바탕으로 이루어지기 때문에 불살생의 개념이 강하지 않았다. 우파니샤드시기에 이르면 외형적인 의례행위의 발달에 대한 반성으로 살생 금지의 사상이 확산되었고, 자이나교와 불교의 성립으로 이러한 사상은 더욱 확대되었다.[55] 불살생 사상이 발달하고 있는

---

54) *Gautama Dharmasutra* 10.67(S. B. E. vol.2, p.234).
55) 불교와 자이나교의 불살생계 때문에 이들 두 종교에 귀의한 재가신자들 가운데 농민보다는 상인계층이 많다고 보는 것이 일반적이다. 자이나교에서는 다섯 가지의 계(오소서계)를 지키며 올바른 가르침에 따라 생활하면 사후에 신의 세계에 태어난다고 하는 가르침을 따르고 있다. 다섯 가지의 계는 불살생, 불허언, 불도, 불음, 무소유 등인데 특히 불살생(ahimsa)의 계는 재가신자와 출가자 모두 엄수해야 한다. 이 때문에 농업 생산에 종사하기보다는 상업을 선택하고 있다.(早島鏡正. 高崎直道 공저, 『印度思想史』, pp 34-35); 경작은 벌레들을 살해할 수밖에 없기 때문에 농민들이 자이나교와 불교를 받아들이기 어려웠으며 또한 이론적으로 보면 불살생계를 지킬 수 없는 크샤트리야 계층이 불교와 자이나교를 지지한다고 하는 것은, 이례적인 것이다(Thapar, *A History of India*,

시기에 농업 생산 과정에서는 살생이 증가하게 되었기 때문에 철제 농
기구의 사용과 더불어 농업은 부정한 직업으로 인식되게 되었을 것으
로 본다. 셋째는 지력을 높이기 위한 시비법의 발달도 농업의 부정성을
증가시킨 것으로 볼 수 있다. 브라만교에서는 사람의 배설물에 대한 부
정의 관념이 높은데『아파스탐바 다르마수트라』에는 분뇨는 부정한 것
이므로 그것이 몸에 묻었을 때 정화를 해야 한다고[56] 하며『바두야나
다르마수트라』에는 가정에서 의례를 행할 때 부정한 분뇨의 배설과 그
에 따른 여러 가지 정화 대책을 언급하고 있다.[57] 그러므로 동물의 분
뇨가 비료로 사용되는 단계에까지 이르면 농업 생산 과정에서 분뇨를
취급할 수밖에 없었을 것이고 이 때문에 농업에 대한 부정의식도 증가
하게 되었을 것이다. 이와 같이 철제 농기구의 발달, 시비에서의 분뇨
사용 등으로 농업의 부정성이 증가하자 상위 계층인 브라만과 크샤트
리야 그리고 바이샤 가운데 일부도 직접 경작을 기피하게 되었다.[58] 뿐
아니라 수드라 경작자가 증가하면서 '수드라가 하는 일'이라는 부정적
요인이 첨가되었는데, 농업을 부정적인 직업으로 인식시킨 요인들은 상
호 작용을 계속하여 대부분의 경작이 수드라에 의하여 이루어지게 되

---

pp.65-68).

56) *Apastamba Dharmasutra* 1.5.15.23(S. B. E. vol.2, p.57).

57) *Baudhayana Dharmasutra* 1.5.10.10-11(S. B. E vol.14, pp.173-174). '의례를 행할
때에는 마른 풀과 의례에 부적당한 나무와 흙덩어리 등을 정리하고, 그의 얼굴
을 낮에는 북쪽을 향하고 밤에는 남쪽을 향하여 돌리고 머리를 흔들면서 대변
과 소변을 배설해야 한다. 소변을 본 후에는 기관을 흙과 물로 한 번 씻어야
한다. 손은 세 번 씻어야 한다. 대변을 본 후에도 흙과 물로써 씻어야 한다.
발과 손은 여섯 번 씻어야 한다.'

58) 바이샤계층의 상층부가 상인계층으로 성장한 것에 대하여는 4장에서 언급했다.
거사나 장자와 같은 상층부로 성장하지 못한 바이샤 계층 가운데 얼마나 많은
숫자가 불교에 귀의하였으며 그로 인하여 직업을 농업에서 상업으로 전환하였
는가 하는 것은 당시의 사료를 근거로 하여 통계적으로 나타내기는 어렵다. 다
만 이후의 문헌들에 바이샤의 직업은 상업으로 나타나고 있으며 수드라가 경
작을 담당하고 있기 때문에 바이샤의 대부분이 상업에 종사하게 된 것으로 추
론할 수 있다.

었다. 이러한 현상들은 농업이라고 하는 직업의 측면에서 보면 브라만
들이 할 수 없는 부정한 직업으로 인식됨으로써 농업의 직업적 위치는
낮아졌다[59]고 볼 수 있으며, 수드라의 입장에서는 신분적인 예속성은
지속되었다 하더라도 경제적으로는 경작을 통하여 생산에 참여하게 됨
으로써 다소 지위가 상승된 것이라고 볼 수 있을 것이다.

3. 불교와 수드라 – 노예 출가 금지를 중심으로

불교사상은 본 연구 2장에서 살펴본 바와 같이 평등사상을 바탕으
로 하고 있다. 그런데 불교의 평등사상이 하층 계급에게는 미치지 못
하였거나, 사상적으로는 모든 계층에 대한 평등론을 갖고 있다고 하더
라도 세속의 불평등한 사회를 개혁하려고 하는 면은 결여된 것이라고
보는 학자들이 있다.[60] 학자들의 이러한 견해는 브라만교에서 종교적
으로 배척되고 있는 수드라들이 불교에서도 평등의 범주에 포함되지
못하고 종교적으로 제한을 받고 있다는 데 근거를 두고 있는 것이다.
수드라에 대하여 종교적 평등성이 제한되고 있다는 예로서 제시되고
있는 것이 10차(十遮, 10가지 장애)이다. 출가하여 불교의 수행자가 되
기 위한 수계식에 앞서 통과해야 하는 것이 10차이다. 수계식에 앞서
10가지의 질문을 하게 되고 여기서 통과하지 못하면 비구가 될 수 없
기 때문에 10차라고 한다. 십차 가운데 노비의 출가를 금하는 것이 있
는데, 노비의 출가를 금하는 것을 십차 가운데 하나로 정하게 된 인연
에 대하여 『사분율』에는 다음과 같이 설명되어 있다.

---

59) 中村元은 「インドの古代商業」, 『古代史講座』 9, p.252에서 '일본이나 서양 사회
   에서 고대와 중세 시대에 직업에 대한 평가는 사농공상으로 농업이 상업보다
   상위에 있는 데 비하여 인도에서는 금융업, 상업 등이 최상의 직업적 위치에
   있다.'고 하여 인도에서는 농업의 직업적 위치가 낮다는 것을 언급하고 있다.
60) Oldenberg, *Buddha,* pp.153-154; 增谷文雄 『佛陀時代』, pp.182-185.

어떤 종(노예)이 절에 와서 비구가 되겠다고 하자, 비구들이 받아들여 제자로 삼았다. 어느 날 걸식을 다니다가 이 노예출신의 제자는 본래의 주인을 만나 붙잡혔다. 이 때문에 종은 소리를 질렀다. 다른 거사들이 주인에게 그 이유를 묻자 "내 종이 붓다의 제자가 되어 있다."고 말하였다. 거사들은 "종이 석가의 제자가 되었으면 잡을 수 없다."고 말하자 주인은 개탄하며 "내 종을 내 마음대로 하지 못한다."고 소리쳤다. 비구들이 이 일을 붓다께 고하자 붓다는 "지금부터는 남의 종을 출가시키지 말라. 만일 종을 출가시키면 작죄로 다스리리라." 하였다. 이후 종은 주인의 허가 없이는 출가하지 못하게 되었다.[61]

이러한 인연으로 다른 사람의 종이 되어 있는 자는 주인의 허락이 있어야 출가할 수 있다고 하는 제한 규정이 생겨나게 되었다. 그런데 특별한 경우가 아니고서는 주인이 종의 출가를 허용할 리가 없으므로 이 십차의 규정이 정해진 이후에는 종의 출가가 사실상 불가능해졌다고 보아야 할 것이다.

그런데 여기서 말하고 있는 노예라고 하는 것은 어떠한 계층인가. 브라만교적인 관념으로 보자면 노예는 수드라라고 할 수 있다. 앞서 예로 들었던 것과 같이 수드라는 푸루샤의 발에서 태어나 주인의 발을 씻겨주는 봉사의 임무를 갖고 있는 예속민이기 때문이며, 『마누법전』에 '수드라는 그 주인으로부터 해방되었다 하더라도 예속 상태로부터 해방될 수는 없다. 그것은 본성인데 누가 그들을 노예 상태로부터 해방시킬 수 있겠는가?'[62]라고 하여 수드라는 노예 계층이며 그것을 벗어날 수 없다고 했다. 그런데 사분율에서 언급하고 있는 노예와 브라만 문헌들에서 언급하고 있는 노예를 같은 개념으로 볼 수 있는가.

『마누법전』에 의하면 노예는 7종이 있는데 첫째는 전쟁포로 이고, 둘째는 생계를 위해 노예가 된 자이며, 셋째는 노예의 집에서 태어난

---

61) 『사분율』 2권, 권 34 「수계건도」 ④, p.375; *Vinaya Texts*, 「Mahavagga」 I.47(S. B. E. vol.13, p.199).

62) *Laws of Manu* Ⅷ. 414(S. B. E. vol.25, p.326).

자며, 넷째는 팔려서 노예가 된 자이고, 다섯째는 증여된 자, 여섯째는 선조로부터 상속된 자, 일곱째 형벌에 의해 노예가 된 자이다.63) 『니카야(Nikaya)』에는 4종의 노예를 들고 있는데 노예의 집에서 태어난 자, 팔려진 자, 전쟁의 포로 그리고 자발적으로 된 자 등이다.64) 이러한 사료들에 나타나고 있는 노예의 범주에는 출생으로 인한 노예의 존재와 더불어 후천적으로 된 노예가 포함되어 있다. 또 수드라 뿐 아니라 브라만으로부터 수드라에 이르는 모든 계층에서 노예가 형성되고 있다고 하는 주장65)도 있고, 『마누법전』에는 수드라도 노예를 갖고 있었던 것으로 보이는 것66) 등을 종합하면 노예라고 하는 개념은 특정 계층만을 지칭하는 것은 아니었다고 할 수 있을 것이다. 사분율에 보이는 십차에 관한 내용을 요약해보면 다음과 같다.

비구가 되기 위해서는 다음과 같은 10가지 질문에 답하지 않으면 안된다. 자신의 성명(汝子), 스승의 이름(和尙 字), 20세가 되었는가(滿二十歲), 삼의와 바루는 갖추었는가(衣鉢具), 부모의 허락이 있었는가(父母聽), 부채가 있는가(負債人), 노예인가(奴隷), 관인인가(官人), 장부인가 즉 남자임이 확실한가(丈夫), 6가지 병에 해당되지 않는가(六種病).67)

비구가 되는데 장애가 된다고 하는 『사분율』의 십차는 다른 율장들

---

63) *Laws of Manu* Ⅷ. 415.
64) *Digha Nikaya* vol.Ⅰ, p.101.
65) 山崎元一,「古代インド奴隷制研究の現段階」, 『史學雜誌』 74-6호, pp.994-995. 이 논문에서 山崎元一은 여러 학자들의 노예제에 관한 연구를 소개하고 있는데 이 가운데 소련 학자인 Iljin의 연구를 언급하고 있다. 이에 따르면 '수드라를 포함한 4개의 바르나로 형성된 <자유민>과 이와 마찬가지로 4개의 바르나로 형성된 <노예>라고 하는 2개의 계급이 대립관계를 이루고 있다.'고 한다. 그러므로 노예는 수드라로 구성되어 있는 것이 아니라 브라만에서 수드라에 이르는 4개 바르나 모두에서 노예가 형성될 수 있다고 하는 것이다.
66) *Laws of manu* Ⅸ.179(S. B. E. vol.25, p.364).
67) 『사분율』 2권 p.403; *Vinaya Texts*, 「Mahavagga」 1.39-47, (S. B. E. vol.13, pp.191-199).

에도 숫자의 차이는 있으나 거의 비슷하게 규정되어 있다. '출가를 금하는 장애'라고 하는 규정들은 어떠한 특정 계층을 배척하는 규정이 아니라, 출가하여 단체 생활을 하는데 장애가 되거나 출가자 집단을 곤경에 빠뜨릴 수 있는 자들에 대하여 출가를 제한하는 규정들이다. 즉 성년이 되지 않은 소년이거나, 남녀의 구별이 명확하지 않은 불구자 이거나, 병을 가지고 있는 사람 등은 단체생활에 있어서 다른 수행자들에게 문제를 일으킬 수 있기 때문에 규정된 것이며, 관인은 관리된 자가 허락없이 출가한 때에는 국가와의 관계가 문제되기 때문이다. 노예의 출가 역시 주인과의 관계에 있어서 혼란을 야기시켜 사회 문제가 될 수 있기 때문이고 부채를 갖고 있는 자도 이러한 이유로 인하여 출가를 금하는 것이다. 그러나 이것은 출가의 결정적인 장애는 아니고 관인, 노예의 경우 허락이 있으면 가능한 것이고, 부채인은 부채를 청산하면 출가가 가능하다. 이러한 규정은 출가집단을 문제의 도피처로 삼아 불교 교단을 곤경에 빠뜨릴 수 있는 경우를 막고자 하는 것이지 결코 신분적으로 어느 특정 계층을 제외시키려고 하는 것은 아니라고 할 수 있다.

따라서 10차에서 말하고 있는 노예는 '타인에게 속하여 자유의사를 갖지 못한 사람'을 총체적으로 말하고 있다고 보아야 할 것이며, 십차의 노예 출가의 금지는 수드라계층에 대한 배척이나 차별에서 비롯된 것이 아니기 때문에 브라만교에서 수드라를 종교적으로 제외시키고 있는 것과 같은 차원의 금지 규정으로 이해해서는 안 될 것이라고 생각한다.

본 장에서는 수드라계층의 차별 현실과 농업, 불교와의 관계 등에 대하여 검토하였다. 브라만적 이론 하에서, 다각적인 차별을 받고 있는 예속민인 수드라계층은 사회적 신분에 있어서는 여전히 예속민이었으나 경제적으로는 붓다시대 이래 마우리아 왕조에 이르는 동안 점차 경작자로 변화되었다. 이와 더불어 경작은 '수드라의 일'이라고 하는 인식과 시비법·철제 농기구의 발달 등으로 인한 부정성 증가가 결합되

어 경작은 상층자들에게는 부적당한 직업으로 인식됨으로써 대부분의
경작은 수드라 계층이 담당하게 되었다.

　수드라는 브라만교에서 극도의 종교적 차별을 받는 계층이었기 때문
에 불교의 평등사상이라고 하는 것에 가장 많은 영향을 받을 수 있을
것으로 생각될 수 있으나 실제에 있어서 불교는 수드라 계층에게 커다
란 영향을 미치지 못한 것으로 보인다.[68] 상업에 종사하는 바이샤 계
층과는 달리 수드라 경작자들이 불교와 깊은 관계를 맺지 못한 것은
불교의 평등사상이 이들을 배제하고 있기 때문이 아니다. 당시의 평등
사상을 절실히 원하고 있던 계층이, 사회적 신분의 상승과 브라만의
계급제 사이의 모순을 절감하고 있던, 바이샤 상층에 속하는 자들이었
고 하층 계급의 사람들은 정신적인 것을 추구할 처지에 있지 않았기
때문일 것이다. 또한 불교는 부유한 상인계층과 왕들의 지지 속에서
주로 도시를 중심으로 발전함으로써 경작자와 농민층을 적극적으로 수
용하지 못하고 말았다. 그러나 이러한 면을 지나치게 확대하여 불교가
수드라 등의 하층계층에 대한 차별 의식을 갖고 있었다고 할 수는 없
을 것이다. 당시의 브라만교에서는 직업적인 규정 등에 있어서는 융통
성을 보이고 있지만 종교적으로는 전혀 타협점을 보이지 않고 있는 것
과 비추어 볼 때 불교는 수드라뿐 아니라 챤드라에게까지 문호를 개방
함으로써 모든 계층에게 종교적 기회를 열어 주었다고 볼 수 있다. 그
러므로 수드라계층이 바이샤계층의 가하파티나 세티 계층과 비교하여
불교의 영향을 적극적으로 받아들이지 않았고, 불교가 하층 계급의 사
회적 차별 현실에 대하여 소극적인 자세를 보이고 있다고는 하지만 신
분적으로 하층계급을 차별하고 있는 것은 아니며 불교의 평등사상은
모든 계층을 포용하는 의미에서 평등사상이었다고 보아야 할 것이다.

---

68) 中村元, 『インド古代史 上』 p.621. '불교 교단의 성쇠소장은 상공업자의 운명에
　　달려있었으며 불교 교단은 농민층과의 사회적 결합이 박약하였다. 여기에 후대
　　불교가 멸망하기에 이른 약점의 하나가 잠재해 있었던 것이다.'

VI. 아쇼카왕의 다르마정책과 불교

1. 마우리아 제국의 성립

1) 마우리아왕조의 건설

고대 인도는 16국시대에서 4국시대라고 하는 영토국가 시기를 거쳐 기원전 4세기의 마우리아 제국에 이르러 통일 국가 시대를 맞이하게 되었다. 4국시대의 중심은 마가다와 코살라였는데, 마가다는 빔비사라왕과 아자타사트루왕 때 영토 확장 정책을 추진하여 앙가(Anga)와 브리지(Vrijis) 등의 주변국들을 점령함으로써 코살라와의 팽팽한 균형관계를 깨뜨리고 북인도의 지배권을 장악하게 되었다. 이로써 이후 인도의 역사는 마가다 지역을 중심으로 전개되게 되었는데, 마가다가 최강국으로 성장할 수 있었던 것은, 마가다 지역의 풍부한 자원과 비옥한 토지가 경제적 성장의 바탕이 되었고, 한편으로는 라자그라하(Rajagraha, 왕사성)와 같은 전략적 요충지를 장악하고 있었기 때문이라고 볼 수 있다. 아자타사트루왕 이후 마가다를 지배했던 왕조들은 불교, 자이나교, 브라만교 등의 문헌에 다양하게 나타나고 있으나 그 기록은 복잡하고 혼란이 많아서 확실하게 알기는 어렵다. 아자타사트루 이후 마가다 지역은 시수나가왕조(Sisunaga, 기원전 430-362년경)와 난다왕조(Nanda, 기원전 362년경－321년)에 의해 지배되었으며 이 시기에 아반티와 코살라를 점령함으로써 반도의 대부분이 하나의 통일 세력권 내에 있게 되었다. 챤드라굽타(Chandragupta Maurya)가 마우리아 왕조를 건설함으로써 통일 제국의 터를 닦았는데, 아자타사트루 이후 마우리아 왕조의 건설까지 대략 140년[1] 정도 걸린 것으로 보인다.

갠지스 강 일대에서 마가다의 발전이 계속되고 있던 시기 인도의 서북지역에서는 인더스강 유역의 간다라(Gandara)국이 번영하여 그 수도인 탁실라(Taxila)는 학문의 중심지가 되었고, 『자타카』에는 왕자와 부유한 가문의 자제 그리고 브라만들이 학문을 배우는 곳으로 서술되고 있다.

마케도니아의 알렉산더(Alexander)대왕은 페르시아 제국을 점령하고 (기원전 330년경) 동쪽으로 원정을 계속하여 인더스강을 지나 갠지스 강 유역인 인도의 동부지역을 정복하려고 했으나, 장기간에 걸친 원정으로 지친 장병들이 귀향을 요구하며 진군 하려하지 않았기 때문에 더 이상의 원정을 포기하고 페르시아로 돌아갔으며 그 이듬해에 수사(Susa)에서 사망했다.(기원전 323년) 알렉산더왕에 의하여 정복되었던 지역들은 이후 몇 개의 속령으로 나뉘어 지배되었으나 알렉산더 사망 이후 속령의 지배자들이 서로 세력을 다투어 혼란 상태에 빠지게 되었고, 토착민들도 이들의 지배에 대한 반란을 일으켜 서북 인도는 정치적 혼란 상태에 놓이게 되었다.

알렉산더의 서북 인도 원정은, 헬레니즘세계와 인도의 직접적인 교류

---

1) 山崎元一, 『アショ-カ王とその時代』(東京: 春秋社, 1982), p.21에는 아자타사트루 왕으로부터 마우리아왕조 성립까지의 기간은 스리랑카의 전승에 따르면 140년 북방불교전승에 따르면 30년이 된다고 한다.

로 많은 문화적 영향을 남겼으나 정치적으로는 서북인도를 점령한 후 효과적인 지배를 하지 못함으로써 이 지역에 정치적인 공백상태를 초래했다. 챤드라굽타 마우리아(Chandragupta Maurya, 기원전 320년-기원전 293년경)는 알렉산더의 원정으로 혼란한 시기에 마가다의 변경지역에서 군대를 일으켜 새로운 왕조를 세우고(기원전 320년경) 당시 마가다를 지배하고 있던 난다(Nanda)왕조를 무너뜨렸다. 이어서 알렉산더 사망 이후 정치적 공백상태에 있던 인더스지역을 정복하고, 인도의 중남부 지역에 있는 데칸(Deccan)지역까지 점령함으로써, 갠지스·인더스·데칸지역을 포함하는 대제국을 건설하게 되었다. 챤드라굽타에 의해 인도 최초의 통일 제국이 될 마우리아제국이 건설되었는데 이때 가장 큰 역할을 했던 사람은 재상 카우틸리야(Kautiliya)였다. 그는 챤드라굽타의 마우리아제국 건설에 정신적, 전략적인 면에 많은 영향을 미쳤으며 인도 최초의 정치서라고 할 수 있는 『아르타사스트라(*Arthasastra*, 실리론)』를 저술했는데 이 책은 마우리아제국의 정치와 사회를 알 수 있는 중요한 사료가 되고 있다.

2) 영토 확장 정책의 완성

챤드라굽타왕은 인더스와 갠지스 강 지역의 세력을 무너뜨리고 데칸 지역까지 정복하여 영토를 확장했으나 알렉산더 원정 이후 잔존한 인도 서북부의 그리스 세력들을 정복해야 하는 과제를 안고 있었다. 알렉산더 원정 이후 알렉산더의 장군이었던 셀레우코스(Seleukos)는 자립하여 시리아(Syria)의 왕이 되었다. 셀레우코스는 여러 전쟁에서 뛰어난 능력을 발휘하여 승리했기 때문에 승리자라는 의미인 니카토르(Nikator)라고 불리게 되었으며 지배 영역은 바빌론, 박트리아, 시리아 등을 포함하는 서아시아 일대에까지 이르렀다. 셀레우코스는 인더스 강을 넘어 알렉산더가 점령했던 지역을 회복하고 점차 중앙 인도로 진출하려고 했다.(기원전 305년경) 그러나 마우리아 왕조의 강력한 세력에 부딪혀 이러한 시도는 좌절되었고, 챤드라굽타와 셀레우코스는 혼인조약을 맺었다. 두 나라의 평화적인 우호관계는 마우리아왕조 시기 동안 지속되었다. 서북인도의 안정을 되찾은 챤드라굽타는 서북인도의 잔여 세력을 몰아내어 북으로는 히말라야산맥, 남으로는 빈드야산맥을 넘는 지역까지, 동으로는 벵골만 지역까지, 서로는 아라비아해로부터 힌두쿠시산맥에 이르는 지역을 포함하는 대제국을 건설하게 되었다. 챤드라굽타왕의 다음으로 그의 아들인 빈두사라(Bindusara, 기원전 293-273년경)가 즉위했는데 이 왕의 통치에 대해서는 알려진 것이 많지 않다. 빈두사라왕은 그리스 문헌들에는 '적들을 살육하는 자(Amitrochates)'라고 불리고 있고, 셀레우코스왕조의 대마처스(Daïmachus)라는 자가 사신으로 왔었다고 하며,2) 불교경전에는 데칸이나 탁실라 등의 지역에서 반란이 자주 일어나서 그것을 진압하기 위하여 왕자인 아쇼카가 탁실라로 보내졌다3)는 정도가 알려져 있다. 이러한 것을 바탕으로 보면 빈두사라는 챤드라굽타 때의 영토 확장 정책을 계속 추진하여 데칸지역과 인도의 중남부 지역으로까지 세력이 확대되었으며 그리스 왕조들과도 우호적인 관계를 맺고 있었던 것으로 볼 수 있다. 빈두사라의 다음으로 아쇼카(Asoka, 기원전 269 – 기원전 233년경)왕이 즉위했다. 아쇼카왕의 즉위에 대하여는 아쇼카 관련의 여러 경전에 설명되어 있는데4) 아쇼카왕은 부왕인 빈두사라의 미움을 받아 탁실라로 보내졌으나 여기서 민심을 수습하고 주변 인물들의 도움을 받아 왕위를 물려받도록 되어 있던 수시

2) F. W. Thomas, 「AÇoka, The Imperial Patron of Buddhism」, *The Cambridge History of India*, p.446; 조길태, 『인도사』(서울: 민음사, 1994), p.92.

3) 『잡아함』, 경번호 604, 「아육왕경」; 『대정신수대장경』, 권 50, p.99, 「아육왕전」; 『대정신수대장경』, 권 50, p.131 「아육왕경」.

4) 아쇼카왕과 관련되어 있는 문헌자료는 상당히 많은 편이다. 定方 晟의 『アジョ-カ王傳』(京都: 法藏選書, 1982), pp.200-201에 의하면 다음과 같이 정리될 수 있다. 산스크릿 자료로는 *Divyavadana*와 *Asokavadana*가 있고 한문 자료로는 『아육왕경』, 『아육왕전』 그리고 『잡아함』에 있는 경번호 604 「아육왕경」, 경번호 641 「아육왕시반아마륵과인연경」 등이 있다. 이외에도 티벳어 자료와 팔리어(Pali) 자료도 다수 있다.

마(Susima)왕자와의 투쟁에서 승리하고 왕위에 올랐다.

아쇼카왕이 즉위한 재위 초기에는 챤드라굽타 이래 지속되어온 영토 확장이 대외정책의 중심이 되었다. 아쇼카왕의 비문에 의하면 즉위 8년에 인도의 동남지방에 있는 칼링가(Kalinga) 지역을 정복했다.5) 인도 반도 내의 군소 국가들은 대부분 챤드라굽타와 빈두사라왕 때 정복되었는데 인도 동남지역의 강력한 군사력을 가진 칼링가 왕국은 아쇼카왕 재위 초기까지 정복되지 않고 있었다. 칼링가는 마우리아와 인접하고 있으면서 동남 변경지역에 자주 충돌했고, 데칸 이남지역과 벵골지역을 연결하는 중요한 육로와 강상무역로, 그리고 남부 인도로 가는 해로도 장악하고 있었기 때문에, 정치·경제적으로 아쇼카왕이 통일제국을 실현하기 위해서는 정복하지 않으면 안 될 지역이었다. 그렇기 때문에 아쇼카왕은 많은 희생을 치르면서 이 지역을 정복했고 이로써 인도 반도는 사실상 통일 되었으며 인도반도 내에서의 무력적 영토 확장 정책은 완성되었다.

2. 다르마(Dharma)정책의 사상적 기반

1) 아쇼카왕 비문에 대하여

아쇼카왕은 다르마정책을 실시하면서 그 내용을 널리 알리기 위해 곳곳에 비문을 세웠다. 아쇼카왕의 비문은 암벽비문(Rock Edict)과 소암벽비문(Minor Rock Edict), 석주비문(Pillar Edict)과 소석주비문(Minor Pillar Edict) 그리고 별각암벽비문(Seperate Rock Edict)과 황후비문 등이 있다.

---

5) 아쇼카왕의 암벽비문 13장에는 수십만 명이 죽은 것으로 되어 있다. (Hultz, *Inscription of Asoka* Ⅱ, p.68).

비문의 분포지역은 암벽비문들은 주로 마우리아제국의 국경지역에서 발견되어지며 변경의 인민을 교화 지도하려는 의도가 있었던 것으로 보인다. 석주비문은 갠지스 강과 야므나 강 하류지역에 많은데 이 지역은 제국의 중심지였기 때문에 이 비문들은 제국의 중심이 되는 인민들을 교화시키고 다르마의 내용을 알리려는 것이었다고 생각된다.

본 연구에서는 Hultz, *Inscription of Asoka* Ⅱ에 영역된 비문을 주 사료로 사용했으며 용어의 한역은 塚本啓祥, 『アショ-カ王碑文』6)을 기초로 하였다. 이후 암벽비문은 R. E, 석주비문은 P. E, 소암벽 비문은 M. R. E, 소석주비문은 M. P. E, 별각암벽비문은 S. R. E.로 생략하여 표기하며, 특별한 언급이 없이 비문과 페이지가 언급되고 있는 것은 모두 헐쯔(Hultz)의 위의 책의 것을 언급하는 것이다.

2) 아쇼카왕의 불교귀의

아쇼카왕의 불교귀의 연대와 성격에 대해서는 학자들마다 다른 주장을 펴고 있다. 우선 아쇼카왕의 불교귀의를 언급하고 있는 소암벽비문 1장과 암벽비문 8장 13장 등을 중심으로 귀의시기를 검토해 보고자 한다.

    a) 2년 반 이상 나는 재가신자였으나 정근하지 못하였다. 그러나 내가 상가(samgha)를 방문한 이후 1년여의 시간이 흘렀으며 그동안 열심히 정근하였다. 그 기간 동안에 잠부드비파(Jambudvipa, 인도를 뜻하며 한역으로는 염부제라고 한다.)에서 제천과 교류할 수 없었던 사람들이 나에 의하여 교류하게 되었다. 그것은 정근의 과(果)이기 때문이다.7)

---

6) 塚本啓祥, 『アショ-カ王碑文』(東京: 第三文明社, 1976).
7) Hultz, Ibid, p.167(Rupnath M. R. E).

b) 과거에 왕은 소위 오락적인 여행을 했다. 이 여행에서는 사냥과 다른 쾌락들을 즐겼다. 그러나 왕이 즉위한지 10년이 되었을 때 삼보디 (Sambodhi)를 구하여 다르마(dharma)여행이 여기서 이루어졌다.[8]

c) 즉위 8년에 칼링가(Kilinga)가 정복되었다. −칼링가가 정복된 후에 왕은 다르마의 실행, 다르마에 대한 애모, 다르마로 인민을 교화시키는 일에 헌신했다.[9]

위의 비문 a)에 의하면 아쇼카는 불교의 재가신자가 되어 2년 반 동안은 그다지 불교에 적극적이지 않았으나 그 후 1년여 동안 불교에 전념하였다고 하는데 아쇼카가 불교에 귀의한 시점과 전념한 계기에 대하여는 이론이 분분하다.[10] 필자의 견해로는 카링가 정복 이전에 이미 재가 신자였으나 불교에 적극적인 자세를 갖게 된 것은 c)의 비문에 있는 카링가 정복에 대한 회한이 계기가 되었다고 본다. 그러므로 칼링가 정복을 계기로 불교에 전념하고 다르마정책을 실시하여, c)에 보이는 바와 같이 다르마에 의하여 인민을 교화시킴으로써, a)비문에 언급되고 있는 제천과의 교류가 나타나게 되었으며, 이러한 성과를 토대로 하여 b)의 다르마의 순례를 시작하였다. 이것을 연대적으로 정리하면 카링가 정복 2년 반 이전인 즉위 5-6년 사이에 불교의 재가 신자가 되었고, 즉위 8년에 칼링가를 정복했으며, 이에 대한 회한으로 불

---

8) R. E 8장, p.60.
9) R. E. 13장, p.68.
10) 이 비문의 기간에 대하여는 첫째, 2년 반이라는 기간 안에 뒤에 나오는 1년여가 합해 진 것으로 보는 견해와 둘째, 2년 반과 그리고 그 후의 1년여라고 보는 견해가 있다. 전자의 대표학자는 헐쯔이다. 카링가 정복이 불교에 귀의하는 계기가 되었으며 그 1년 반 동안은 열심히 하지 않다가 나머지 1년여 동안 전념하게 된 것으로 보고 있다. 후자의 견해를 취하는 학자들이 상당히 많은데 리스데이비스(Rhys Davids) 무커지 등이 이러한 견해를 갖고 있으며 아쇼카가 불교의 재가 신자가 된 것은 이미 카링가 정복의 2년 반 이전이고 카링가 정복을 계기로 불교에 정진한 것으로 본다. 졸고, 「Maurya제국과 Asoka왕의 dhharma 정책」(『숙대사론』 13, 14, 15합집, pp.252 이하) 참고.

교에 전념하게 되어 성과가 나타난 시기가 즉위 9-10년 사이이고, 이를 토대로 다르마의 순례를 떠난 것은 즉위 10년으로 볼 수 있다. 아쇼카 비문 가운데 가장 이른 시기로 보이는 비문이 즉위 11년경에 새겨졌다는 것은 이러한 것을 뒷받침할 수 있는 근거라고 본다. 이와는 다른 견해를 표명하는 학자들도 있으나 대부분의 학자들은 아쇼카의 불교귀의는 칼링가 정복 이전에 일어난 것으로 보며 필자도 이러한 견해에 동의한다.

그러면 아쇼카왕이 칼링가 정복 이전부터 불교에 관심을 갖고 있었던 배경은 무엇인가. 첫째는 마우리아왕조의 신분문제와 관련이 있는 것으로 생각된다. 마우리아 왕가는 신분이 낮았기 때문에[11] 지배권을 확립하는 데 많은 어려움을 갖고 있었던 것으로 보인다. 신흥사상과 평등사상이 붓다시대 이래 지속적으로 발전했으나, 마우리아제국 시기에는 챤드라굽타 때의 재상인 카우틸리야의 영향으로 오히려 브라만의 영향이 확대되는 경향을 보이고 있다. 『아르타사스트라』에는 왕의 출신과 지배능력에 대하여 다음과 같이 언급되어 있다.

> 귀족출신(좋은 가문)의 나약한 왕과 출신이 낮으나 힘 있는 왕 가운데 "백성들은 출신은 좋으나 나약한 왕들의 명령을 잘 복종하지 않는다.(겨우 따른다.) 왕이 나약하다는 것을 인식하기 때문이다. 그러나 출신이 낮으나 강력한 힘을 가진 왕에게는 백성들은, 왕이 힘을 갖고 있다는 것을 인식하여, 쉽게 잘 따른다."라고 선인들은 말한다. 그러나 그렇지 않다. 백성들은 나약하나 출신이 좋은 왕에게 더 잘 복종한다. 그것은 '통치할 수 있는 본성'이 높은 가문에게 있기 때문이다. 그리고 백성들은 힘을 갖고 있으나 가문이 낮은 왕의 명령을 잘 듣지 않는다.[12]

---

11) 챤드라굽타는 모리야(Moriya)족에 속하며 바이샤층일 것이라고 타파는 *A History of India*, p.70에서 추정하고 있으며, *Asoka and the Decline of the Mauryas*, p.138 에서는 이러한 낮은 신분 문제 때문에 챤드라 굽타는 자이나교를 받아들임으로써 상층 카스트들로부터의 모욕에서 벗어나려고 했으나 신분적인 문제를 극복하지 못했다고 한다.

왕가의 출신이 낮은 것으로 보이는 마우리아의 왕들이 위에 인용한 것과 같이 '왕의 출신을 능력보다 중시' 하고 있는 브라만 사상을 받아들이기 어려웠을 것이고, 이러한 신분적인 한계를 절감하고 있었기 때문에 새로운 사상에 관심을 갖게 된 것으로 볼 수 있다.

둘째, 아쇼카왕의 즉위 과정에서 나타나는 지배권 확립 문제와 관련이 있는 것으로 보인다. 『잡아함』에는 아쇼카왕의 즉위와 관련되어 있는 경전인 「아육왕경」이 있다. 아쇼카의 부왕이 이발사인 여자를 첫째 왕비로 삼아 두 아들을 낳았는데 아쇼카와 수시마(Susima)라고 이름하였다는 내용이 있고, 이어서 다음과 같은 내용을 싣고 있다.

> 아쇼카는 몸이 추하여 왕이 그다지 좋아하지 않았다. 왕은 어느 날 두 아들 가운데 누가 왕이 될 수 있는 인물인가를 시험하였다. 왕은 브라만 대신에게 "누가 왕이 될 것인가?" 하고 묻자 브라만 대신은, 아쇼카가 왕이 될 수 있는 상을 갖추고 있으나 왕이 좋아하지 않는다는 것을 알고 아쇼카를 곧 바로 지칭하지 않고, "가장 좋은 수레를 타고 가장 좋은 자리에 앉아 있으며 가장 좋은 그릇에 음식을 먹는 자가 왕이 될 것입니다."라고 예언하였다. 그때 아쇼카는 늙은 코끼리를 타고 맨땅에 앉아 흰 그릇에 밥을 먹고 있었는데, "가장 나이 많은 코끼리를 탔으니 내가 가장 좋은 수레를 탄 것이며 땅에 앉아 있으니 가장 좋은 자리이며 흰 그릇을 갖고 있으니 가장 좋은 그릇이다."라고 하였다. 이러한 일을 자세히 전해들은 아쇼카의 어머니는 브라만에게 감사의 뜻을 전하였고 이 브라만도 아쇼카가 왕이 될 것을 알고 아쇼카와 가까이 지냈다. - 이후 아쇼카를 미워하는 부왕은 지방의 반란이 일어날 때마다 군사와 무기를 주지 않고 아쇼카에게 평정을 명했다. 이때마다 브라만 등의 대신들의 도움으로 아쇼카는 무사히 평정할 수 있었다. 그리고 왕이 병을 얻어 수시마를 왕으로 세우고자 하였으나 역시 대신들은 아쇼카를 도와 결국 수시마는 죽고 아쇼카가 즉위하게 되었다. 아쇼카왕은 바른 법으로 다스리고 교화하려고 하였으나 브라만 대신들은 자기들이

---

12) Arthasastra 8.2.22(Kangle, Ibid, p.454).

아쇼카를 세워 왕으로 삼았다는 이유로 왕을 업신여겨 군신의 예를 지키지 않았다.[13]

아쇼카가 즉위하는 과정에서 그 형제들과 왕권다툼이 있었으며 브라만 대신들의 도움으로 왕위에 오를 수 있었다고 하는 것은 아쇼카와 관련되어 있는 여러 경전에 나오고 있다. 이러한 형제간의 왕권쟁탈의 과정에서 아쇼카가 왕위에 오르는 데 많은 역할을 했던 대신들이 왕의 권위를 인정하지 않았고 한편으로는 그의 출신 문제와도 관련되어 왕의 지위를 확립하기 어려웠다. 챤드라굽타 역시 이러한 어려움을 겪었다. 제국을 건설하는 과정에서 중요한 역할을 했던 카우틸리야로 인해 브라만들의 영향력이 확대되어, 챤드라굽타는 제국 내에서 절대적 지배권을 장악하기 어려웠다. 그러한 상황 속에서 브라만교보다는 자이나교에 관심을 가졌던 챤드라굽타와 마찬가지로 아쇼카는 불교에 관심을 가졌을 것이다.

불교에 관심을 갖고 있던 아쇼카왕이 불교를 바탕으로 적극적인 정책을 펴게 된 외형적 계기는 '칼링가 정복의 참상에 대한 회한'이었다. 그러나 한편으로는 통일된 영토 내에서의 지배권을 확립하기 위한 내적인 계기를 갖고 있었다. 찬드라굽타 이래 세력을 확대하여 왕권을 제약하고 있는 브라만세력을 극복하고 방대한 제국내의 다양한 계층을 포용해야 하는 아쇼카왕으로서는 계급적 차별을 지양하고 모든 계층을 평등히 포용할 수 있는 새로운 사상을 제국의 중심사상으로 받아들일 필요가 있었다. 이러한 내적, 외적인 계기로 아쇼카왕은 불교를 적극적으로 받아들이고, 제국 내의 사상적 통일과 왕권 강화를 도모하는 다르마정책을 실시하게 되었다.

---

13) 『잡아함』 2권, p.145(경번호 604).

3. 다르마정책

아쇼카왕은 즉위 8년에 칼링가를 정복하고 정복에서의 참상에 대한 깊은 회한으로 무력에 의한 정복 정책을 버리고 다르마(dharma)에 의한 정복을 진정한 정복으로 믿으며 다르마정책을 실시했다. 비문에 나타나고 있는 다르마정책은 부권적 왕권사상, 모든 인민의 평등한 사법적 처리, 모든 종파의 화합 등을 주요 내용으로 하고 있다. 이러한 아쇼카왕의 다르마정책의 내용을 본 절에서 검토하고자 한다. 본 절의 내용 검토에 앞서 아쇼카왕의 다르마정책의 중심이 되는 다르마의 개념에 대한 필자의 견해를 간단히 정리하고자 한다.

1) 아쇼카왕의 비문에 나타나는 다르마(Dharma)의 의미

아쇼카 비문에 있는 다르마의 어의에 대하여 '불교사상에 근거하고 있는 다르마'라고 보는 견해14)와 '불교사상에 한정된 것이 아니라 일반적인 도덕적 가르침을 근거로 하고 있으며 예부터의 법칙 즉 인민생활 규범의 원리라는 의미를 갖고 있기 때문에 종파적인 것으로 볼수 없다.'는 견해를 보이는 학자들도 있고15) '브라만적인 개념'이라고보는 학자들도 있다.16) 다르마의 의미가 나타나고 있는 비문의 내용들은 다음과 같다.

---

14) 金倉円照, 『印度中世精神史』 上, p.224); 西義雄, 「阿育王の佛教受用と其の法の意味」, 『東洋學研究』(東京, 東洋大學, 1976), p.3; 中村元 『インド古代史 上』 p.248.

15) 塚本啓祥과 타파는 다르마가 불교적인 의미를 갖고 있으며 한편으로는 모든 종교의 근본이 되는 인민생활의 규범이라고 보고 있다.(塚本啓祥, 『アショ-カ王碑文』, p.48, p.245); Thapar, *Asoka and the Decline of the Mauryas*, p.181).

16) 브라만교의 dharma와 다르지 않다고 보는 학자로는 J. F. Fleet, R. Dikshitar 등이 있고 자이나교적인 것이라고 하는 학자로는 E. Thomas가 있다(山崎元一, 『アショ-カ王傳說の研究』(東京: 春秋社, 1979), p.324의 주(3)참고).

부모에 대한 순종, 붕우, 지인, 친족, 브라만과 사문에 대한 보시, 동물에 대한 불도살, 적절한 소비와 축적[17)

노예와 하인에 대한 적당한 대우, 연장자에 대한 존경, 동물에 대한 관대함, 브라만과 사문에 대한 보시.[18)

소루, 많은 선사, 자민, 진체, 청정 등이다.[19)

위의 비문 가운데 앞의 두 비문의 다르마 내용은 특별히 불교적이라고 말할 수는 없는 것이다. 부모에 대한 순종이나 친족 친지에 대한 적당한 대우와 종교자들에 대한 예우 등은 어느 시대에나 강조된 도덕적 가치이기 때문이다. 그러나 세 번째 석주비문의 내용과 같이 불교적인 내용을 본격적으로 다루고 있는 비문들도 있다. 그러므로 다르마의 개념으로 일반적 도덕 개념과 불교적 개념 모두를 아쇼카왕의 비문에서 찾아 볼 수 있는 것이다. 필자는 이러한 다르마의 개념에 대하여 불교적 실천 도덕과 일반인들이 실천할 수 있는 보편적인 도덕 개념 모두를 포용한 개념이라고 하는 견해에 동의한다.

2) 지배체제의 변화

(1) '모든 인민' 개념의 형성

브라만사상을 바탕으로 바르나제가 성립된 이래 인도 사회는 각 계층이 분리되어 하나의 개념으로 이해되지 않았다. 브라만의 개념에서는 백성을 언급할 때 브라만 크샤트리야 바이샤 수드라 등의 4개의 계급이나 더 작게는 자티(jati, 출생의 의미)와 같은 소집단의 명칭을

---

17) R. E 3장, p.53.
18) R. E 9장, p.61.
19) P. E 2장, p.121.

차례로 나열하고 있다. 이러한 각 계층의 명칭을 나열하는 것보다 넓은 개념으로는 브라만과 크샤트리야 등이 하나의 개념으로 나열되거나 '모든 재생족에 적법한 공통의 직업은 베다의 학습과 자신을 위해 제의를 행하는 것과 보시를 하는 것이다.'[20])라고 하는 데서 볼 수 있는 것과 같이 재생족 전체를 하나의 개념으로 표현하기도 하며, '아리안와 비아리안이 서로 직업을 교환한다면 둘 사이는 평등하다.'[21])는 것과 같이 아리안과 비아리안으로 나누어 표현되기도 한다. 이와 같이 브라만 문헌에 나타나고 있는 가장 넓은 범주의 백성을 포용하는 표현은 '아리안'이나 '재생족'이라는 것이다. 이러한 개념은 전체 인민을 아리안과 아나리아(anarya)로 표현하거나 재생족과 일생족으로 나뉘어 표현하고 있는 것으로써 브라만적인 개념으로는 일생족이나 아나리아는 전체 인민의 개념에 포함되지 못하고 있는 것이다. 이러한 표현 형태가 갖는 의미는 '전체 인민 개념'의 부존이라는 것이다. 즉 한 국가나 집단이 전체라고 하는 인식을 갖지 못하고 있다는 것이다. 이러한 표현양상은 불교문헌들에서도 크게 다르지 않다. 불교가 평등적인 사상을 갖고 있으며, 붓다시대 이래 불교가 발전하여 사상 면에서 많은 영향을 미치고는 있으나 전체 인민을 지칭하는 개념은 크게 변화되지 못했다. 그래서 베다 성전은 물론이고 이후 성립되어진 브라만적인 문헌과 불전 등에서도 모든 계층의 계급 명칭을 나열하는 것으로 인민 전체를 표현하고 있다.

그러나 아쇼카왕 시대에는 이러한 양상이 변화되고 있다. 아쇼카의 비문 가운데 다르마 정책의 초기에 새겨진 암벽비문(Rock edict) 6장에서 아쇼카왕은 '왕이 어디에 있거나 인민에 관한 모든 일들이 보고되어야 하며 국가의 긴급한 일들도 언제나 보고되어야 한다.'고 말하고 그 이유를 다음과 같이 설명하고 있다.

---

20) *Gautama Dharmasutra* 10.4(S. B. E. vol.2, p.227).
21) Ibid, 10.67, p.234.

왜냐하면 나는 나의 열의와 정무의 처리에 만족하지 않기 때문이다. 또 나는 '모든 인민'의 복지를 증진시키는 것이 나의 의무라고 생각하기 때문이다. 나의 의무의 바탕은 열의와 정무를 처리 하는 것이며 '모든 인민'의 복지를 증진시키는 것보다 더 중요한 의무는 없기 때문이다.[22]

이 비문의 '모든 인민'에 해당 원어는 sava loka인데 사전적 의미로는 sava는 일체를 뜻하고 loka는 세간, 존재를 뜻하는 말이다.[23] 이에 대하여 헐쯔(Hultz)는 'all men',[24] 츠카모도 게이쇼(塚本啓祥)는 '일체세간',[25] 타파는 'whole world',[26] 고켈(Gokhale)은 'all people'[27] 등으로 해석하고 있다. 이러한 여러 학자들의 해석은 뉴앙스의 차이는 있으나 모두 <모든 인민>이라는 개념의 표현이라는 데는 일치하고 있는 셈이다. 이 비문의 의미는 아쇼카가 지배하고 있는 '모든 인민'의 복지를 증진시키는 것이 왕의 가장 중요한 의무라는 것인데 여기서 아쇼카는 이전의 문헌들에서 보이는 <브라만, 크샤트리야, 바이샤, 수드라 등을 위하여>라고 표현하지 않고 <모든 인민을 위하여>라고 표현하고 있다는 것이다. 전자의 표현이나 후자의 표현은 내용 면에서는 같은 의미를 갖는 것이나 그 표현의 차이가 주는 의미는 상당히 다른 것으로 볼 수 있을 것이다. 아쇼카왕이 비문에 모든 인민이라고 표현한 배경을 역사적인 기록을 바탕으로 찾아보기는 불가능하다. 그러나 아쇼카왕이 기존에 쓰이고 있는 표현을 지양하고 '모든 인민'이라는 말로 표현하고 있는 것은 충분히 의미가 있는 것으로 보인다. 그러한 표현을 하게 된 배경은 무엇이었는가를 몇 가지 면에서 추론해보기로 하자.

첫째, 정치적인 면을 들 수 있다. 중국의 경우 전국시대를 거쳐 진

---

22) R. E 6장, p.59.
23) 水野弘元, 『パ-リ語 事典』(東京: 春秋社, 1981), p.293, 241.
24) Hultz, *Inscription of Asoka* Ⅱ, p.58.
25) 塚本啓祥, 『アショ-カ王碑文』, p.92.
26) Romila Thapar, *Asoka and the Decline of the Mauryas*, p.253.
27) B. G. Gokhale, *Asoka Maurya*(New York: Twayne Publisher 1966), p.154.

에 의한 통일이 이루어지는 시기에 국내 질서의 중요한 변화는 귀족계
층의 세습적인 특권이 붕괴된 것이라고 할 수 있을 것이다. 귀족 계층
이 붕괴됨으로써 왕은 경대부들에 대한 지배권을 장악하였으며, 지배
권의 봉건적 계층화가 사라지게 되었고, 군주를 상층으로 신하들을 하
층으로 하는 이중 지배질서(Two part system)[28]가 형성되어 군주 이외
에는 모두 신하의 범주에 들게 되었다. 그런데 인도의 경우, 기존의
표현 양식대로 전 인민을 계급적으로 나열한다면 왕은 크샤트리야 계
층에 속하고 브라만은 상층에 속하는 귀족계층과 같은 양상을 띠어 브
라만계층에게 미치는 왕권은 제약될 수밖에 없을 것이다. 그러한 면에
서 아쇼카왕은 왕을 제외한 모든 백성을 표현하는 데 있어서 계층적
나열을 피하고 '모든 인민'이라고 표현함으로써 브라만 계층의 세습적
지배권을 인정하지 않으며, 왕과 인민이라고 하는 개념을 표명하고 브
라만도 역시 왕의 지배권을 향유하지 않는 개념으로 보려 했고, 그렇
게 함으로써 『다르마수트라』 등에 나타나고 있는 '왕은 브라만을 제외
한 모든 것의 주(主)다'[29]라고 하는 것을 극복할 수 있기를 기대했을
것이다.

둘째, 인민의 화합이라는 측면에서 살펴보기로 하자. 대개 브라만
문헌들은 '모든 인민'을 표현하는 경우 '브라만 → 크샤트리야 → 바이샤
→ 수드라'의 순서로 나열하고 있다. 그러나 불교 경전에는 극히 드문
예외가 있기는 하지만 대부분 '크샤트리야 → 브라만 → 바이샤 → 수드

28) Cho-yun Hsu, *Ancient China in Transition,* p.94.
29) 『다르마수트라』들에는 3장에서도 언급한 바와 같이, 인민에 대한 지배권이 왕과
    브라만 계층에게 공유되고 있다고 하는 표현이 많다. *Gautama Dharmasutra* 8.1
    에는 '베다에 조예가 깊은 왕과 브라만 이 둘이 세상의 도덕적 질서를 장악한
    다.'고 하며 11.1에는 '왕은 브라만을 제외한 모든 것의 주'라고 하는 표현과 함
    께 9.27에는 '크샤트리야와 결합된 브라만은 신과 인간을 옹호한다'는 등의 표
    현이 있다. 이러한 것으로 보면 브라만 계층은 왕권 밖에 존재하거나 왕권을 함
    께 향유하고 있다는 것이다. 그러므로 아쇼카왕은 이러한 상황을 극복하고 지배
    권을 왕으로 일원화시키기 위하여 브라만적인 계층나열을 지양했을 것이다.

라'의 순서로 서술되어 있다. 이것은 여러 가지로 해석되어 붓다의 출신이 크샤트리야이기 때문이라고 하는 학자들도 있고[30] 당시의 시대적인 상황이 브라만보다는 크샤트리야의 중요성이 강조되고 왕권의 신장과 더불어 성장한 크샤트리야가 브라만보다 우세했기 때문이라고 하는 학자도 있다.[31] 어떻게 이해되더라도 불교 경전류의 크샤트리야 우선순위의 서술은 브라만과의 갈등적인 관계의 표현일 수 있다.

아쇼카왕은 불교를 다르마정책의 사상적 기반으로 삼고 있기는 하지만 그는 비문의 곳곳에서 브라만에게 존경을 표하고 여러 종파의 화합을 주장하고 있다. 그런데 비문을 새김에 있어서 모든 인민에 대한 표현을 종래의 서술 형식으로 한다면 브라만과 크샤트리야의 순서를 어떻게 표현해야 하는가 하는 문제가 발생했을 것이다. 이것은 불교적 사상을 가진 왕으로서는 우선 불전에서의 경우와 같이 크샤트리야를 우선순위로 할 수 있을 것이나 이것은 브라만교와 불교의 종파적 갈등을 국가적인 문제로 야기시킬 가능성이 있는 것임으로 어려움이 있었을 것이다. 브라만을 우선순위로 한다면 브라만들의 계층적 특권을 인정하는 것이기 때문에 이러한 표현 또한 하기 어려운 것이었을 것이다. 그러므로 아쇼카 왕은 그의 비문에서 4개의 계층을 순서적으로 나열하는 것을 피하였을 가능성도 있는 것이다. 요컨대 아쇼카왕이 비문에서 거듭 강조하고 있는 종파의 화합 차원에서, 종파적 갈등을 야기시킬 수 있는 순서 나열식의 표현을 지양하고 전 인민을 포괄할 수 있는 표현으로 '모든 인민'을 택하게 된 것으로 볼 수 있다.

셋째, 불교적 평등론과의 관련성을 생각할 수 있다. 불교 문헌들에 전체 인민을 표현할 때 브라만 문헌들과 같이 각 계층의 명칭을 나열하고 있다는 것은 이미 언급했다. 평등론이 불교사상의 바탕이 되고

---

30) 增谷文雄, 『佛陀時代』, p.132.

31) 中村元, 『インド古代史 上』 p.196; 雲井昭善 「佛教興起の社會的背景」, 『印度學佛教學 研究』, 4권 2호, p.408; 藤田宏達, 「原始佛教における四姓平等論」, 『印度學佛教學研究』, 2권 1호, p.56.

있는데 계층적인 나열을 받아들이고 있는 것은 한편으로는 불교의 계급극복 사상의 미약성을 반증하는 면도 갖고 있으나[32] 붓다시대라고 하는 시대적인 한계일 수도 있다. 붓다시대는 불교의 평등사상이 성립된 시기이기는 하지만 사회 전반에 걸쳐 계급적 차별이 극복되고 있는 시기는 아니다. 아직 사회적으로 계급론이 유지되고 있는 상태이기 때문에 붓다는 일반적인 인민을 대상으로 설법을 하면서 분리되어 있는 각 계층을 하나하나 나열함으로써 전체 인민을 포용하는 표현을 했을 것으로 생각된다. 그러나 이러한 양상이 아쇼카 시기에는 변화되었다. 정치적으로는 붓다시대 이래 계속된 전쟁의 결과 마가다를 중심으로 한 통일 세력이 형성되었고 마우리아 왕조에 이르러서는 인도 전체를 통일 한 제국으로 발전했다. 경제적으로는 철제 농기구의 본격적 사용으로 생산의 비약적 발전이 이루어졌다. 이와 더불어 봉사 계층이던 수드라의 경제 계층으로의 변화가 현저해졌으며 상업의 발전과 화폐경제의 발달로 상인계층의 성장도 가속화 되었다. 이러한 여러 가지 변화는 사회적 유동성을 증가시켜[33] 점차 출생에 의한 계급적 차별이 중시되지 않고 카스트인 계급 구분도 큰 의미를 갖지 못하게 되었을 것이라는 것이다. 이러한 필자의 추론을 뒷받침해 줄 수 있는 것이 메가스테네스의 『인디카(*Indika*)』에 있는 계층의 나열이라고 할 수 있다. 메가스테네스에 따르면 인도의 인구는 7개의 부분으로 나뉘어져 있다. 철학자들(Philosopers)은 지위에 있어서 첫째이나 수적으로는 가장 적은 계층(class)이다. 두 번째 계층은 농부며 이들이 인구의 대부분을 차지하고 있다. 세 번째 계층은 목축인과 사냥꾼으로 구성되어 있는데 이들에게만 사냥과 목축 그리고 건조된 동물 등을 팔 수 있게 허용되어

---

32) 붓다의 사상이 적극적인 의미에서 계급론을 극복하지 못하고 있다고 보는 학자들이 있다. 즉 종교집단으로서의 불교 교단 내에서는 평등론이 적극적으로 실현되고 있었다고 할 수 있으나 세속의 일반적인 불평등성에 대하여는 적극적인 개혁 의지를 갖고 있지 않았다고 하는 학자들이 있다. 그 대표적인 학자로는 라다크리슈난(Radhakrishnan), 올덴베르그(Oldenberg), 藤田宏達 등이 있다.

33) Romila Thapar, Ibid, p.56.

있다. 넷째 계층은 상인과 직인들로 구성되어 있고 다섯째는 전사계층 (fighting men)이며 여섯째 계층은 감독관이고 일곱째는 왕의 고급관리다.[34] 메가스테네스의 기록에는 7개의 계층을 나열하고 있는데 4개 계층 형태를 찾아볼 수 없고 직업에 따라 계층을 분류를 하고 있다. 메가스테네스의 이러한 기록에 대하여 타파는 카스트와 직업의 혼돈[35]이라고 보고 있으며 이것을 4개의 카스트와 연결시키는 작업을 하기도 했다.[36] 그러나 나카무라 하지메(中村元)는 메가스테네스의 기록들과 다른 사료들을 종합하여 다음과 같은 결론을 내리고 있다.

> 마우리아왕조 시대에 사성제는 공개적(국가적)으로 인식되지 않았다. 마우리아시대의 어떠한 비문에도 사성이 언급되어 있지 않으며 크샤트리야 바이샤 수드라라고 하는 이름도 보이지 않는다. 다만 브라만은 여전히 사성제의 관념을 고수하고 있었다고 생각된다. 그래서 마우리아 왕조의 통일적 관료국가가 붕괴되고 세습적인 계급적 지위를 중시하는 국가가 성립함에 따라서 브라만교의 사성관념도 점차 사회적으로 부활되게 되었다.[37]

메가스테네스는 셀레우코스 왕조 사신으로서 인도의 중심부에 머물고 있었기 때문에 마우리아 전체 사회의 현실을 파악하기는 어려웠을 것이며, 그가 본 사회적 현상들은 주로 파탈리프트라에서 본 것과 공적인 것들이 중심이 되었을 것이다. 그러한 메가스테네스가 카스트로써 사회 구성을 설명하지 않고 7개의 직업으로써 사회구성을 이해하고 있었다고 한다면 적어도 당시 제국의 중심부에서는 카스트적인 분류의식이 작용되지 않았을 수 있다. 이와 같이 아쇼카왕 시대에는 붓다 시대 이래 불교적 평등론이 영향을 미쳐 계층적 분류가 의미를 갖지

---

34) McCRINDLE, Ibid, pp.83-85.
35) Romila Thapar, *A History of India*, p.79.
36) Romila Thapar, *Asoka and the Decline of the Mauryas*, pp.57 이하.
37) 中村元, 앞의 책, p.577.

못하고 있었던 것으로 볼 수 있으며 이러한 상황을 배경으로 아쇼카왕
은 '모든 인민'이라는 표현으로 전 인민을 언급할 수 있었을 것이다.
또한 이렇게 표현함으로써 불교를 다르마정책의 사상적 기반으로 삼
고, 평등사상을 추구하는 왕의 의지도 반영될 수 있었을 것이다.

　　그런데 혹자는 아쇼카의 비문에 표현되고 있는 여러 계층의 명칭들
을 종합하여 당시의 사회가 여전히 계급적인 사상을 바탕으로 하고 있
는 사회였다고 보기도 한다. 무커지(Mookerji)는 '비문들에 나타나고
있는 브라만들은 바르나제에 있어서의 브라만 계층이고, 암벽비문 10
장에 있는 이브야(Ibhyas)는 바이샤이며, 군인들과 그 지휘자들은 크샤
트리야라고 할 수 있고, 하인과 고용인은 수드라라고 할 수 있다.'[38]라
고 하여 당시의 사회는 사성제가 엄연히 존재하는 사회라고 보고 있
다. 그러나 이러한 계층의 명칭을 모두 바르나와 연결시켜 '카스트제
의 엄존'을 논하는 것은 문제가 있다고 필자는 생각한다. 암벽비문 3,
4, 9, 11, 13장에 보이는 브라만[39]은 항상 사문(Sramanas)과 함께 언급
되고 있는데, 이것은 여기에 언급되고 있는 브라만이 카스트제에서의
브라만 계층을 말하는 것이 아니라, 종교수행자를 의미하는 것으로 쓰
이고 있음을 의미하는 것이다. 각 계층의 명칭들이 나열되어 있다고
하는 암벽비문 5장의 내용을 살펴보기로 하자.

　　　과거에는 법대관(Dharma-Mahamatrs)이라고 하는 관리가 없었으나 즉
　　위 13년에 나에 의하여 법대관이 임명되었다. ―법대관은 법(dharma)에

---

38) R. Mookerji, *Asoka*(Delhi: Motilal Banarsidass, 1972), p.103.
39) 브라만이라고 하는 용어는 일반적으로 계급제에서의 브라만계층을 가리키는
　　말로 사용되어왔으나, 붓다시대를 전후하여 신흥사상가들이 등장하면서 브라만
　　이라는 용어는 두 가지 의미로 사용되고 있다. 즉 계층을 지칭하는 의미에서
　　사용되는 경우와 일반적으로 정신적 지도자라고 할 수 있는 종교자들을 포괄
　　하여 쓰이는 경우가 있다. 붓다에게도 '가장 훌륭한 브라만'이라고 하는 표현
　　이 자타카 등에 많이 쓰이고 있는데 이것은 계층으로서 붓다가 브라만이라고
　　하는 것이 아니라 '가장 존경될 수 있는 정신적인 지도자'라는 의미로 받아들
　　여지고 있다.

헌신하는 모든 사람들의 이익과 안락 그리고 세속적인 삶에서 부족한 것
을 채워 주기 위하여 <u>브라만과 이브야</u>(Ibhyas) 하인과 주인, 그리고 궁핍한
자와 노인들을 담당한다. 또한 법대관은 구속된 죄수들을 돕고, 그들을
속박으로부터 구제하며, 그리고 만일 그들이 아이를 가졌거나 곤경에 처
해있거나 노쇠해져 있다면 그들을 석방하기 위한 일을 담당한다.40)

위에 인용된 비문에는 여러 계층의 사람들을 언급하고 있는데, 이러
한 명칭들이 카스트적인 계층을 의미하는 것으로 이해할 수 있는가 하
는 것이다. 여기에 열거되고 있는 명칭들은 도움을 필요로 하는 자들
에 대한 것이다. 법대관을 임명하고 있는 주요 목적이 '어려운 상태에
있는 자들에게 그들의 이익과 안락을 도모하기 위한 도움을 주는 것'
이기 때문이다. 그런데 여기서 계급론의 존재를 논하게 되는 것은 브
라만, 이브야, 하인 등이 언급되고 있기 때문이다. 이러한 명칭을 브라
만, 바이샤, 수드라라고 하는 계급적 명칭으로 보고 있기 때문에 아쇼
카왕 시대에도 카스트제가 엄존하는 사회라고 주장하게 되는 것인데,
필자의 생각으로는 앞의 두 명칭 즉 브라만과 이브야라고 하는 것은
그 다음에 있는 주인과 하인의 관계를 언급하고 있는 것과 함께 생각
할 필요가 있다고 본다. 주인과 하인의 관계에서 주인이 하인에 대해
부당한 대우를 하는 경우 법대관이 여기에 관여하여 하인이 온정적인
대우를 받을 수 있도록41) 하기 위한 것이다. 이와 함께 브라만과 이브
야의 관계를 생각해야 한다. 브라만은 일상생활에서 의례를 담당하는
사람이고, 이것을 의뢰하는 자들로서 이브야를 언급하고 있는 것으로
볼 수 있다. 암벽비문 9장에는 '사람들이 병중이거나 자제 탄생과 결혼
때, 여행을 떠날 때 여러 가지 의례를 행하고 있다. 또한 이외의 다른
경우에도 사람들은 많은 의례를 행한다.'42)고 했는데 이러한 때 브라만

---

40) R. E 5장, p.57.
41) R. E 11장, 13장에는 노예나 하인에 대한 관대함을 다르마의 내용으로 언급하
   고 있다.
42) McLINDLE, Ibid, p.68, 83, 98, 128 등의 기록들에도 인민들이 각종의 의례를

과 이브야의 관계가 이해가 상반되는 입장으로 나타나게 된다. 이러한
경우의 온당한 상호간의 관계가 형성될 수 있도록 법대관이 관여해야
한다는 것을, 아쇼카는 위의 비문에서 말하고 있는 것으로 보아야 한
다는 것이 필자의 생각이다. 이 이브야를 츠카모도 게이쇼(塚本啓祥)는
'코끼리를 소유한 부자의 의미이며 바이샤 계층을 가르키는 것이다.'[43]
라고 하는데 굳이 이들을 바이샤라고 규정할 이유가 없다고 본다.
ibhya라고 하는 단어의 사전적 의미는 '부유한 혹은 가정의'[44]이므로
이들을 바이샤 계층으로 이해하기보다는 가정생활을 하고 있는 자들로
서 브라만들에게 의례를 의뢰하는 자들이라고 보는 것이 타당하다고
생각한다. 여기에 언급된 브라만이 의례를 담당하는 자들이라고 필자
가 보는 이유는 아쇼카 비문에 브라만들이 언급될 때는 거의 '브라만
과 사문'이 함께 언급되고 있는데 이 비문에서만 브라만이 단독으로
언급되고 있기 때문이다. 이 비문에서 브라만과 함께 사문을 언급하지
않은 것은 어떠한 이유인가. 비문에서 '종교자들에 대한 관대함과 보
시'를 말할 때 언급 되는 브라만과 사문은 같은 범주의 종교 수행자
개념이다. 그러나 사문으로 표현되는 자들은 불교자들뿐 아니고 집을
떠나 삼림에서 수행생활을 하는 자들은 모두 사문이라고 했는데, 이들
사문은 의례를 주관하지 않는다.[45] 그러므로 이 비문에서 사문과 함께
언급되지 않고 단독으로 표현된 브라만은 종교적인 수행자로서의 브라
만이 아니고 의례를 주관하고 있는 세속적인 브라만[46]을 의미하는 것

행하고 있다고 기록되어 있다.

43) 塚本啓祥, 앞의 책, p.158.

44) A. A. Macdonell, *A Practical Sanskrit Dictionary*(Oxford: Oxford University Press, 1965), p.46.

45) 육사외도 등의 신흥사상가들을 모두 사문이나 사문단이라고 하는데 이들은 베
다를 부정하고 의례행위를 부정하는 것이 공통적인 특징이다.

46) 브라만은 Udicca Brahman(종교적 수행을 주로 하는 존경되는 브라만)과 Sataka-
lakkhana Brahman(미신적이며 세속적인 자들로써 의례행위를 일삼는 브라만)의
두 부류로 나뉘어 진다. 두 종류의 브라만들에 대하여는 Romila Thapar, *Asoka
and the Decline of the Mauryas*, p.58과 Richard Fick, *Social Organization in*

으로 보아야 한다. 따라서 암벽비문 5장에 열거된 명칭들은 계급적인
성격을 갖고 있다기보다는 왕이 법대관을 통하여 돌보아야 할 대상자
들과 상호 이해관계를 맺고 있는 자들의 나열이라고 보아야 할 것이다.

지금까지 아쇼카왕의 '모든 인민'이라는 용어를 사용하게 된 배경을
몇 가지로 추론해 보았다. 정치적으로는 세습적으로 프로히타의 직위
를 차지하여 왕과 지배권을 공유하여 누층적인 귀족계층을 형성하고
있는 브라만 계층을 일반의 신하와 함께 인민의 범주에 포함시켜 왕권
의 절대적인 지위를 확보하려는 측면을 가지고 있다. 종파의 화합의
면에서는 브라만 문헌과 불교문헌에 표현되는 브라만과 크샤트리야의
순서 문제로 야기될 수 있는 종교 집단들의 갈등을 지양하려는 의도가
들어 있다고 볼 수 있다. 사회적으로는 평등사상이 발전하여 계급적
구분이 의미를 갖지 못하고 있었던 것이 반영되고 있다고 생각된다.
이러한 것은 앞서 언급한 바와 같이 '모든 인민'의 개념에 대하여 비
문에 분명히 나타나 있지 않기 때문에 추론의 영역을 벗어날 수는 없
으나 아쇼카의 '모든 인민' 개념의 형성은, 계급적인 성격을 가지고 모
든 계층을 분리하고 있는, 브라만교의 영향 하에서는 등장할 수 없는
것이며 아쇼카왕의 불교 귀의와 이를 바탕으로 한 다르마정책 실시와
밀접한 관련이 있다고 보아야 할 것이다. 따라서 필자는 붓다 시대 이
래 불교가 왕권 강화라고 하는 제한적 범주에서 받아들여졌으나 점차
그 영향이 확대되어 사회 전반에 미치게 되었고 이러한 것을 배경으로
하여 아쇼카왕 시대에는 '모든 인민'이라고 하는 개념이 형성될 수 있
었다고 생각한다.

(2) 아쇼카 시대 왕권

브라만교와 불교에서는 어떠한 왕권사상을 갖고 있는가에 대하여는

North East India in Buddha's Time, p.212 참고. 사문과 함께 언급되어진 브라만
은 전자일 것이며 이 비문에 이브야와 함께 언급되고 있는 브라만은 후자라고
필자는 생각한다.

본 연구의 3장에서 살펴보았다. 브라만교적인 왕권은 군사적인 목적을 바탕으로 신에 의해 주어진 왕권이며 불교적인 왕권은 인민에 의해 선거된 왕권 사상[47]과 국가계약설적인 왕권사상[48]으로 이해되어질 수 있다. 붓다시대를 거쳐 마우리아에 이르는 시기는 왕권이 강화되어 가는 시기이며 공화제적인 지배체제보다는 군주제 국가의 형태를 중심으로 강대국이 형성되었고 군주제 국가인 마우리아에 의해 통일제국이 형성됨으로써 왕권은 더욱 강화되었다. 챤드라굽타 때의 재상이었던 카우틸리야가 쓴 『아르타사스트라』에는 왕권에 대하여 다음과 같이 설명되어 있다.

> '철학과 베다학과 경제학의 보전을 실현하는 것은 왕장(Danda, 권력 혹은 형벌을 의미)이다. 그것을 행사하는 방법이 정치학이다. ―그러므로 세간을 경영하는 왕은 늘 왕장을 휘두르지 않으면 안 된다. 왜냐하면 생류를 제압하는 방법으로써 왕장에 필적할 만한 것은 없기 때문이다.'라고 스승들은 말한다. 그러나 카우틸야는 그렇지 않다고 한다. '가혹한 왕장을 사용하는 왕은 생류의 공포의 대상이 된지만 제대로 잘 사용되는 왕장은 인민에게 법과 실리와 향락을 가져다준다. 그러나 만일 왕장을 전혀 사용하지 않는다면 물고기의 법칙(약육강식)을 야기시킨다. ―왕이 왕장에 의해 수호하면 네 개의 바르나와 삶의 네 개의 주기(asrama)를 지키는 사람들은 본무에 충실하고 각각의 도를 지킨다.[49]

카우틸리야가 강조하고 있는 것은 약육강식의 혼란상태에 빠지지 않도록 강력한 왕권을 가져야 하며 그 방법은 형벌과 처벌을 동반하는 강력한 권력을 갖는 것이다. 여기에 나타나는 왕권 사상은 통일제국의

---

47) 불교의 <선거된 왕권>이라는 것은 Mahasamatta(Great Elect)라는 의미이다.
48) 『장아함』, 경번호 6, 소연경에 나오는 왕권의 성립과정 등을 바탕으로 왕은 인민의 분쟁을 조정하는 역할을 담당하고 이 때문에 인민들은 왕에게 조세를 낸다고 하는 국가계약설로 이해하기도 한다. 홍정식, 「불교의 정치사상」, 『불교학보』 10집(동국대학교 불교문화연구소, 1973), p.73 참고.
49) *Arthasastra* 1.4.3-16(Kangle, Ibid, pp.10-11).

전제 군주적인 성격의 왕권사상이라고 할 수 있다. 그러나 아쇼카왕의
비문에 보이는 왕권 사상은 좀 다른 양상을 띠고 있다. 다우리(Dhauli)
별각 암벽 비문 2장과 암벽비문 6장의 내용을 바탕으로 아쇼카시대의
왕권이 어떠한 것이었는지 살펴보자.

Devanamptiya(Asoka)의 조칙에 의하여 토살리(Tosali)에 있는 대관
(Maha-matras)들에게 다음과 같이 명해졌다. '내가 옳다고 생각하는 일들
을 나는 행동으로써 실행하고 수단을 다하여 성취하고자 원한다. 이러한
목적을 위한 가장 중요한 수단은 대관, 관리를 잘 가르치고 훈련시키는
일이다. 모든 인민은 나의 자식이다. 나는 자식들을 위하는 것과 같이 그
들이 현세와 내세의 이익과 안락을 얻기를 원한다.'[50]

모든 사람의 복지 증진보다 더 중요한 의무는 없다. 내가 하는 모든
노력은 생명체에게 입은 빚을 갚기 위한 것이며 그들이 현세에서의 행복을
얻고 내세에서 생천을 획득하도록 하기 위함이다.[51]

위의 첫 번째 비문에서 살펴볼 수 있는 것은 왕과 인민의 관계는
부자관계(All men are my children)로 표현되고 있다는 것이다. 이것은
부권적인 왕권사상으로서 카우틸리야에 의해 강조되고 있는 강력한 전
제군주적인 성격과 크게 다르지 않다고 볼 수 있다.[52] 그러나 그 실천
의 방법에 있어서는 상당한 차이를 보이고 있다. 카우틸리야는 백성들
의 실리와 향락을 위해 힘(danda)이 필요하다고 강조했지만, 아쇼카는
관리들을 도덕적 교화해야 한다고 강조한 것이다. 백성들과 직접적으
로 연결되어 있는 관리들을 교화함으로써 백성들의 행복을 추구할 수
있고, 백성들의 행복이 왕권이 강화의 바탕이 된다고 생각한 것이다.

---

50) 다우리(Dhauli) S. R. E 2장, p.114.
51) R. E 6장, p.58.
52) Arthasastra 2.1.18과 4.3.43(Kangle, Ibid, p.64, p.306)에도 '왕은 아버지와 같이
    인민을 돌보아야 한다.'고 기록되어 있다.

그래서 야쇼카왕은 '모든 인민은 나의 자식이다'라는 표현과 함께 관리를 현명한 유모[53]로 표현하고 있는 것이다. 아쇼카의 이러한 모습은 절대적인 왕권을 주장하면서 동시에 불교적인 정법주의를 실현하려했던 모습으로 볼 수 있다.

두 번째 비문에서는 국왕의 정치 행위를 생류에게 진 채무를 이행하는 것으로 보고 있다. 인민에 대한 채무라고 하는 사상은 다분히 불교적 영향을 드러내고 있는 것이다.[54] 불교의 왕권 사상에 대하여는 3장에서 언급한 바와 같이 선거에 의한 계약적인 왕권사상을 바탕으로하고 있기 때문에 '생류에 대한 부채'라는 생각이 가능하다. 신에 의해 부여된 왕권이라는 사상 하에서는 인민에 대한 채무라는 사상이 생겨날 수 없는 것이다. 그러므로 아쇼카 시대의 왕권은 통일 제국의 전제적 절대권을 갖는 왕권사상과 불교적인 왕권 사상이 결합된 것이라고 할 수 있을 것이며 이로써 불교적 정치사상이 국가지배에 영향을 미치게 되었던 것으로 볼 수 있다.

---

53) Delhi-Topra P. E 4장, p.124에는 다음과 같이 기록하고 있다. "라주카(Rajuka, 지방관)들은 인민들에게 무엇이 기쁨이고 무엇이 고통인지를 알아야 할 것이며, 인민들의 현세와 내세의 행복을 위하여, 다르마에 전념하는 자들을 통하여, 인민을 가르치고 인도해야 한다. 또한 라주카는 나에게 복종해야 하며, 내가 파견하여 나의 의지를 알고 있는, 관리에게도 복종해야 한다. 그리고 내가 파견한 관리는 나를 만족시키기 위하여 라주카들을 잘 이끌어야 한다. 자식을 현명한 유모에게 위탁하며 '현명한 유모가 나의 자식을 잘 기를 수 있을 것이다.'라고 신뢰하는 것과 같이 지방인민의 안락과 행복을 위하여 나는 라주카를 임명한다."
54) 中村元은 『インド古代史 上』 pp.550-552에서 '인민에 대한 채무'라고 하는 비문에 대하여 다음과 같이 설명하고 있다. "아쇼카왕은 거의 전 인도를 영토로 하는 마우리아제국의 왕이었음에도 불구하고 극히 겸허한 태도를 보이고 있다. 아쇼카는 종전의 군소왕국의 왕과 같이 자신을 왕(Rajan)으로 칭하였을 뿐이며 대왕(Maha-raja)으로 칭하지 않았다. 왕권에 대한 보은의 관념은 아마도 불교로부터 영향을 받은 것일 것이다. 세계 각국의 제왕들은 대개 인민에 대하여 제왕의 권위와 <왕의 은혜>를 강조해왔다. 그러나 아쇼카왕은 불교에서 말하는 <중생의 은혜>를 확신했다. 이러한 면은 아쇼카왕이 인류의 정치사에 있어서 독자적인 지위를 점하는 것일 것이다."

3) 사법제도의 변화

아쇼카왕 비문 가운데 사법제도에 대하여 언급하고 있는 비문은 별 각 암벽비문 1장과 석주비문 4장, 5장이다.

어떤 한 사람이 투옥되고 부당한 대우를 받게 되는 경우가 빈번히 생 긴다. 이 경우 갑자기 그 사람에게는 투옥 취소 명령이 내려지게 되는 반면에 다른 사람들은 계속 고통을 받는다. 이 경우에 대관들은 모든 사 람들을 '평등하게' 다루도록 애써야한다.55)

라주카(Lajuka, 司直官)는 수십만의 사람들을 담당한다. 나는 이들 라 주카가 그들의 임무를 확신을 갖고 두려움 없이 수행하도록 하기 위하여 상과 벌을 그들의 판단에 맡기도록 명했다. −다음과 같은 것을 바라기 때문이다. 즉 재판의 과정과 처벌에 있어서의 '평등성'이 있어야 한다. 그리고 나의 명령이 미치는 한 형벌이 결정되어 투옥되어 있거나 사형이 선고된 사람들에게 3일간의 유예기간이 주어진다.56)
나의 즉위 26년간 죄수의 석방이 25번 명해졌다.57)

우선 두 비문에 나타나고 있는 문제의 구절은 별각암벽비문의 '평등 하게(majam)'와 '평등성(samata)'인데 사전적인 의미로 보면 majam은 '중간 혹은 중위'의 뜻이며 samata는 '평등 혹은 공평'으로 번역될 수 있다.58) 그런데 이 문구가 의미하는 바에 대한 해석은 학자들에 따라 다르다. 두 구절을 모두 '평등'과 관련하여 해석하고 있는 학자는 무커 지(Mookerji)와 고칼레(Gokhale)이다. 이 비문의 의미에 대하여 무커지 는 '아쇼카는 모든 인민을 법률상 평등하게 만들었다.'59)는 견해를 보

---

55) 다우리(Dhauli) S. R. E, p.95.
56) P. E 4장, p.124.
57) P. E 5장, p.128.
58) 水野弘元, 『パリ語 事典』, p.216, p.295.
59) Mookerji, *Asoka*, p.122, 179.

이고 있으며 고칼레는 'equality'로 번역하여[60] 사법제에서의 평등성을 말하고 있는 것으로 보고 있는데 이러한 견해는 헐쯔에 의하여도 동의 되고 있다.[61] 이에 대하여 츠카모도 게이쇼(塚本啓祥)는 별각암벽비문 의 경우 '중정'이라는 표현으로, 석주비문의 경우 '공정'이라는 표현으 로 번역하고 '중정이라는 표현은 공정하게라는 의미이며 이 공정함이 라고 하는 것은 실리론에 근거하는 것이다.'[62]라고 주석을 달고 있다. 그러므로 츠카모도 게이쇼가 보는 아쇼카의 사법적인 견해는 평등성에 근거하고 있다고 보기보다는 기본적으로 카우틸리야가 쓴 아르타사스 트라에 있는 규정 하에서 공정하게 사법적인 판단과 처리를 해야 한다 는 의미를 갖는 것으로 보고 있다. 또한 타파의 경우도 이와 비슷한 의견을 제시하고 있는데 별각암벽비문의 경우는 'impartiality'로 번역하 고 석주비문의 경우는 'uniformity'로 번역하고 있으며 후자의 번역에 대한 견해로써 "impartiality가 의미하는 평등적인 이념이 사법제에서 제시되었다면 브라만들의 지배계층도 하층의 인민들과 같은 사법적 처 리를 당하게 될 수밖에 없을 것이며 이러한 것들은 브라만뿐 아니라 크샤트리야에게도 강한 반발을 일으킬 수 있는 대변동을 야기시키는 것이라는 것을 아쇼카도 인식하였을 것이기 때문에 아쇼카가 이러한 대변혁을 일으킬 사법제도에서의 평등성을 주장하지는 않았을 것이다. 그러므로 평등적인 의미이기보다는 통일성의 의미를 갖는 uniformity로 의 번역이 더 적절하며 그 의미는 통일적인 사법 처리과정이 마우리아 지배 하에 있는 전 지역에서 실시되었고 통일적인 법규정이 적용된 것 으로 이해해야 한다"[63]고 보는 것이다. 이와 같이 학자마다 번역에 있 어서 차이를 보이고 그 의미의 이해에 있어서도 <공정한 취급>을 의 미한다고 보거나 <평등의 실천>이라고 하는 개념으로 달리 이해하고

---

60) Gokhale, *Asoka Maurya*, p.159, 166.
61) Hultz, *Inscription of Asoka* Ⅱ, p.96, 125.
62) 塚本啓祥, 『アショーカ王碑文』, p.109, 128.
63) Thapar, *Asoka and the decline of the Mauryas*, p.104.

있다.

필자는 이 문구의 해석에 있어서 비문에 있는 단어의 어의를 분석
하기보다는 아쇼카의 다르마정책 전반적 문맥의 흐름을 바탕으로 이해
해야 한다고 생각한다. 아쇼카의 기본적인 사상은 앞서 언급한 바와
같이 '모든 인민'이라는 개념에 근거하고 있으며 브라만에 대한 존경
이 배제되지 않고 있기는 하지만 브라만에 대한 아쇼카의 생각은 어디
까지나 종교적 의미에 국한되어 종교의 본질을 증진시키는 브라만에
대한 존경의 의미이고 그의 다르마정책에 있어서는 브라만적인 사상을
받아들이고 있지는 않다고 본다. 『아르타사스트라』와 『다르마수트라』
등에 나타나고 있는 사법적 규정들을 살펴보고 아쇼카왕의 비문에 나
타나고 있는 것들을 종합해보기로 하자.

a) 원고와 피고와 관련된 년, 계절, 월, 일, 장소, 국가, 촌, 카스트, 가문과 성명,
   직업 등을 기록한 후에 기록관은 문제의 순서에 따라 원고와 피고에게 질문
   한다.64)

b) 범죄자의 신분, 범죄의 동기, 범죄의 경중, 범죄의 결과, 현재의 영향, 장소, 시
   간 등을 충분히 고려한 후에 사법관은 처벌의 상, 중, 하를 결정해야 한다.65)

c) 인드라의 왕관을 획득하고 영원한 명성을 원하는 왕은 죄를 지은 자
   에게 벌주는 것을 한시도 게을리 해서는 안 된다.66)

d) 브라만에게 악담을 한 경우 크샤트리야는 100파나의 벌금, 바이샤는
   150파나 혹은 200파나의 벌금을 내야하며 수드라는 체형을 받는다.
   브라만이 크샤트리야에게 악담을 하면 50파나, 바이샤에게 악담을 하
   면 25파나 수드라에게 악담을 하면 12파나의 벌금을 내야 한다. 재생

---

64) Arthasastra 3.1.17(Kangle, Ibid, p.222).
65) Ibid, 4.10.17-18, p.327; *Vasistha Dharmasutra* 19.9(S. B. E,vol.14, p.97).
66) *Law of Manu,* 8.344(S. B. E. vol.25, p.314).

족이 같은 카스트에 속하는 자에게 악담을 하면 12파나의 벌금을 내
야 하고 수드라가 재생족에게 악담을 하면 혀가 잘릴 것이다. 수드라
는 낮은 출신이기 때문이다.[67]

e) 크샤트리야를 살해한 자는 8년 간, 바이샤를 살해한 자는 6년 간, 수
드라를 살해난 자는 3년간 속죄를 해야 한다.[68]

f) 크샤트리야를 살해한 자는 1000마리의 소를, 바이샤를 살해한 자는
100마리의 소를, 수드라를 살해한 자는 10마리의 소를, 브라만에게
속죄금으로 내야 한다.[69]

위에 인용된 브라만 문헌들에 보이는 사법제의 특징은 엄벌주의와
차별주의라고 할 수 있다. c)의 인용문과 같이 범죄를 행한 자는 반드
시 처벌되어야 한다는 견해는 다르마수트라에 일관되게 나타나고 있으
며, 범죄자의 처벌에 있어서 범죄자가 어떠한 카스트에 속하는가와 범
죄 대상자가 어느 카스트에 속하는가에 따라 처벌이 다르기 때문이다.
그러므로 상위계층자들에게는 사법적인 특권이 인정되고 있다고 할 수
있다. 앞서 언급한 타파의 견해는 이러한 특권이 아쇼카왕의 평등적
사법처리에 의하여 변화되었다면 많은 반발이 일어났을 것이기 때문에
그러한 변화가 일어났다고 보기 어렵다고 하는 것이다. 그러면 불교의
사법적인 견해는 어떠한가를 참고로 살펴보자.

백성들이 빈곤해져서 도적이 성하게 되었다. 도둑이 왕에게 붙들려가
서 '빈궁하고 배가 고파 도둑이 되었다.'고 고하자 이 말을 들은 왕은
재물을 주어 돌려보냈다. 그러자 이러한 말을 전해들은 사람들이 계속
도둑이 되어 잡혀왔으며 왕은 계속 이들에게 재물을 주고 풀어주었으나

---

67) Ibid, 8.267-270, p.301; 고타마 다르마수트라에 의하면 브라만이 수드라에게 험
    담한 경우는 벌금이 없다(*Gautama Dharmasutra* 12.13 S. B. E. vol.2, p.240).
68) *Vasistha Dharmasutra* 20.31(S. B. E. vol.14, p.107).
69) *Apastamba Dharmasutra* 1.9.24.1-3(S. B. E vol.2, p.78).

도둑이 되는 자는 줄지 않았다. 그러자 왕은 '차라리 도둑들을 엄하게 다스려 벌을 주어야 한다.'고 생각하고 도둑들이 잡혀오면 이들을 사람들이 보는 앞에서 참수했다. 그러나 도둑은 여전히 줄지 않고 오히려 백성들은 자신들을 방어하기 위해 무기로 무장하여 해치고 약탈하였다.[70]

　"대왕이여 이들은 내 백성이니 죽일 수도 있고 꾸짖을 수도 있으며(나쁜 일을)못하게 할 수도 있다고 생각하지 마십시오. 상인들에게는 재물을 주고 농사짓는 자들에게는 종자와 소를 주고 스스로 생업에 종사하게 한다면 백성들은 서로 해치고 빼앗지 않을 것입니다."[71]

　불교의 사법적 견해는 많이 나타나고 있지 않지만 위의 두 경전에 의하면 근본적으로 백성의 생활이 어렵기 때문에 도둑이 생기는 것이므로, 생업을 위한 뒷받침을 해줌으로써 백성들이 스스로 남의 것을 훔치거나 남을 해치지 않도록 해야 하며, 힘으로 다스리는 것은 최선의 방법이 아니라고 보는 것이다. 앞서 언급된 인용문 c)에서 법을 어긴 자는 반드시 처벌하여야 한다는 『다르마수트라』의 견해와는 달리 불교의 사법적 견해에는 관용적인 모습이 들어 있다.[72] 이러한 불교적인 관용 태도가 앞서 인용한 석주비문의 4장과 5장에 보이는 '재판이 확정된 자에게 유예 기간을 주는 것'과 '재위 26년간 25차례에 걸친 죄수의 사면' 등에 나타나고 있는 것이라고 할 수 있다. 아쇼카왕은 불교사상을 바탕으로 다르마정책을 실시하고 있으며 사법적 처리에 있어서 관용적 성격을 보임으로써 불교적인 영향을 보이고 있는데 아쇼카왕의 비문에 보이는 사법적 절차와 처벌에 있어서의 공정성의 기준을 브라만적인 『아르타사스트라』에 두고 있다고 하는 것은 지나친 비

---

70) 『장아함』, p.155(경번호 6, 「전륜성왕수행경」).
71) 『장아함』, p.355(경번호 23, 「구라단두경」).
72) 『중아함』 1권, p.249(경번호 60, 「사주경」)에는 정생왕이 모든 대지와 바다를 다스림에 있어서 칼과 힘으로 하지 않고 반드시 법(dharma)으로써 교화했다고 한다.

약일 것이다. 그러므로 아쇼카왕 시대의 사법적 태도는 관용주의를 바탕으로 하고 있으며 사법적 차별주의보다는 모든 인민이 평등한 법적 대우를 받을 수 있는 것으로 변화되었다고 보는 것이 타당할 것으로 보인다.

4) 종교정책

(1) 종파의 화합

아쇼카의 종교에 대한 태도는 화합을 바탕으로 하고 있다. 종파의 화합에 관하여 기록하고 있는 비문은 암벽비문 12장이다.

> Devanampriya-Priyadarsin(Asoka)은 출가와 재가의 모든 종파를 보시와 다양한 공양으로써 존경한다. 그러나 모든 종파의 본질을 증진시키는 것보다도 뛰어난 보시는 없다고 생각한다. 본질을 증진시키는 방법은 다양하나, 그 근본은 부적당한 기회에 자신의 종파를 칭찬하고 다른 종파를 비난하는 것을 삼가는 것이며, 각각의 종파는 각각의 방법으로 존경되어야 한다. 이와 같이 하면 자신의 종파를 증진시키는 것이며 다른 종파에게도 이로운 것이다. 만일 그렇게 하지 않는다면 자신의 종파를 해치고 다른 종파에게도 해를 끼친다. -그러므로 종파의 화합이 최선이다. 즉 다른 각각의 종파가 서로의 법을 듣고 준수해야 하는 것이다. -많은 관리들이 이러한 목적을 위해 종사하도록 명해졌다.[73]

아쇼카왕이 불교사상을 기반으로 하여 다르마정책을 실시했지만 비문의 곳곳에서 브라만에 대한 보시와 존경을 표하고 있으며[74] 아지비카(Ajivika)와 다른 종파 등에게도 보시를 계속하고 있는 것[75]은 모든

---

73) R. E. 12장, p.65.
74) R. E. 3, 4, 9, 11, 13장과 P. E. 7장 등에는 브라만에 대한 존경을 강조하고 있다.
75) Barabar 1, 2 동굴비문에는 이 동굴을 아지비카(Ajivikas, 육사외도 가운데 하나)에게 기증한다고 되어 있다.

종파의 화합을 추구하기 위한 것이었다. 붓다시대를 전후하여 형성된 신흥 사상은 물론 브라만교도 마우리아에 이르는 시기까지 계속 발전했다. 마우리아 왕조는 영토의 통일을 완성하였으나 제국 내에서는 종파의 갈등이 끊이지 않았다. 제국의 기초를 다진 챤드라굽타의 시기에는 브라만 재상인 카우틸리야의 영향으로 브라만적인 사상이 중심이 되었으나 챤드라굽타는 자이나교도가 되었다. 아쇼카왕은 불교에 귀의하여 이를 바탕으로 다르마정책을 실시함으로써 크게는 브라만교와 불교 두 종파의 갈등이 표출 되었을 것이며 다른 종파들도 자기주장을 강화하여 타종교에 대한 배타성이 증가했을 것이다. 그런데 '모든 인민' 사상을 바탕으로 제국 내의 인민을 포용하고자 하는 아쇼카왕에게 있어서 이러한 종파적 갈등은 장애가 될 수밖에 없다. 그러므로 배타적이고 종파적이기보다는 모든 종교를 수용하고자 하는 것이 아쇼카왕의 근본적 입장이었다. 아쇼카왕이 그의 비문에서 종파의 화합을 강조하고 있는 것은 비생산적이고 소모적인 종파 논쟁을 종식시키고 종족적이고 계급적인 차별 사상을 벗어나, 다르마정치에 의한 통일제국의 지배를 달성하고자 하는 의지를 반영하고 있는 것으로 보인다.

(2) 종교적 기회의 개방

아쇼카왕은 모든 종파의 화합을 강조 하고 있을 뿐 아니라 모든 인민들에게 종교적 기회를 개방하고 있다. 이와 관련된 비문은 소암벽비문인데 그 주요 내용은 다음과 같다.

> 2년 반 이상 나는 재가 신자였으나 정근하지 못했다. 그러나 내가 상가(samgha)를 방문한 이후 1년여의 시간이 흘렀으며 그동안 열심히 정근하였다. 그 기간 동안에 잠부드비파(Jambudvipa에서 제천(gods)과 교류할 수 없었던 사람들이 나에 의하여 교류하게 되었다. 그것은 정근의 과(果)이기 때문이다.[76]

---

76) M. R. E. 1장, p.168.

이 비문의 전반부에 대하여는 아쇼카왕의 불교 귀의와 관련하여 앞에서 살펴보았고 여기서는 후반부의 '지금까지 제천과 교류할 수 없었던 사람들이 제천과 교류할 수 있게 되었다.'라고 하는 부분에 대하여 살펴보기로 하겠다. 이 문구의 의미에 대하여는 학자들의 이론이 많은데 우선 무커지는 '이 비문의 의미는 두 가지로 해석될 수 있다. 첫째, 이 기간 동안에 지금까지 신과 교류하지 않았던 즉 신을 갖지 못한 사람들이나 종교를 갖지 못했던 사람들이 신들과 교류하게 되었다고 해석하는 것이다. 이것은 아쇼카가 불교전파자를 파견하는 등으로 인하여 인도인들 사이에 종교사상이 확산되었기 때문이다. 둘째, 이 기간 동안에 인도에서 분열된 신(天)을 갖고 있던 사람들이 통일된 신을 갖게 되었다는 것으로 해석할 수 있는데 이 가운데 두 번째의 견해가 타당한 것 같으며 이는 지금까지 분열되었던 신들이 통일되어 종교적 분쟁 즉 종파 간의 갈등이 그쳐진 것이라고 볼 수 있다.'[77]는 견해를 제시하고 있다. 다음으로 토마스(Tomas)는 '이 기간 동안에 지금까지 브라만교의 신(Brahman gods)들을 알지 못하던 야만적인 부족 사람들이 브라만교의 신들을 알게 된 것이다'라고 하여 아쇼카의 브라만과 사문에 대한 존경에 이 비문을 연결시켜 이해하고 있다.[78] 또 츠카모도 게이쇼는 '그동안 제천과 교제할 수 없었던 사람들은 이제 제천과 교류할 수 있게 되었다고 해석할 수 있으며 이것을 암벽비문 4장과 결합하여 생각하여 보면 지금까지 갖가지 그릇된 것으로 신과 교류할 수 없었던 사람들이 법(Dharma)의 교화로써 신과 교류할 수 있게 된 것을 의미하는 것'[79]이라고 보고 있다. 이러한 학자들의 견해를 정리하면 크게 두 가지로 나뉘어 진다. 무커지나 츠카모도 게이쇼 등은 이 문구를 아쇼카왕의 <종파의 화합>이나 <생천사상>과 관련된 것으로 이해하여 아쇼카왕의 불교전념과 조화를 이루고 있는 것으로 이해하고

---

77) Mookerji, *Asoka*, p.111.
78) F. W. Tomas, *Cambridge History of India* 1권, p.455.
79) 塚本啓祥, 『アショーカ王碑文』, p.116, 178.

있다. 그러나 토마스는 아쇼카왕이 불교에 전념한 것과 브라만교의 신
들을 연결시키고 있다. 아쇼카가 불교에 귀의하여 열심히 정근한 결과
'브라만교의 신들을 알지 못하던 사람들이 브라만교의 신들을 알게 되
었다.'고 하는 것은 상당한 모순을 갖고 있는 것이다. 그러나 이러한
두 가지의 결과가 모두 가능하다고 보는 것이 필자의 입장이다. 첫째
의 견해는 설명을 요하지 않을 만큼 불교적인 관점에서 아쇼카왕이 불
교에 귀의하고 다르마정책을 실시하여 일어날 수 있는 결과일 것이다.
그러면 두 번째의 견해는 어떻게 가능한 것인가 하는 것을 살펴보기로
하겠다.

아쇼카왕은 불교에 귀의했고 칼링가 정복 이후 불교를 근간으로 하
는 다르마정책을 실시했다. 이로써 불교가 국가지배의 중심 사상이 되
었으며 불교사상의 바탕이 되고 있는 평등사상도 상당히 영향을 미치
게 되었다. 그러므로 아쇼카왕이 불교에 전념했던 그동안 평등사상의
영향으로 지금까지 브라만교의 계급론 하에서 브라만교의 신들과 교류
할 수 없었던, 다시 말해서 보호의 신을 갖지 못하고 태어났다[80]고 하
는 수드라 등의 하층계층들도 브라만교의 신들과 교류할 수 있게 되었
다고 필자는 생각한다.[81] 기본적으로는 츠카모도 게이쇼가 말하고 있
는 것과 같이 제천과 교류할 수 없었던 사람들이 제천과 교류할 수
있게 된 것은 불교의 전파와 다르마의 수행에 힘쓴 왕의 노력의 결과
로써 인민들이 생천을 획득[82]할 수 있었던 것으로 이해할 수 있지만,
다른 한편으로는 다르마정책 실시의 결과로 평등사상이 확산됨으로써
불교귀의의 여부와 관계없이, 종교적으로 배척되던 수드라 등의 하층
계층들도 브라만교의 신들과 교류할 수 있게 되었다고 보아야 한다는

---

80) *Vasistha Dharmasutra, 4.1-2*(S. B. E vol.14, p.25)
81) 물론 토마스가 이러한 관념으로 '신과 교류하지 못했던 사람들이 브라만교의
   신들과 교류가 가능해졌다.'고 설명하고 있는 것은 아니다.
82) 생천이라고 하는 것은 현세에서의 수행을 통하여 내세에 천상에 태어난다고
   하는 것이다. 아쇼카왕의 다르마정책의 종교적 과보라고 할 수 있는 생천사상
   에 대하여는 다음의 소절에서 다루어질 것이다.

것이 필자의 견해이다. 그러므로 아쇼카는 위의 비문에 이어지는 구절로써 다음과 같이 말하고 있는 것이다.

> 이것은 높은 계층의 사람들에 의하여서만 도달될 수 있는 것은 아니다. 낮은 계층의 사람이라 하더라도 열의가 있으면 광대한 천(great heaven)을 획득할 수가 있는 것이다.

이 비문에 나타나고 있는 것은, 내세에 받을 수 있는 최대의 과보라고 하는 생천의 과(천상에 태어난다고 하는)는 출생에 의하여 획득되어지는 것이 아니고 다르마의 실천의 정도를 기준으로 하여 획득될 수 있으며 제천과도 교류할 수 있는 것이라고 봄으로써 생천의 획득이라는 종교적 과보는 개인의 노력에 달린 것이며 출생과 관련된 것은 아니라는 것이다. 이것은 붓다가 '태어남으로써가 아니라 업으로 브라만이 되고 천민이 된다.'고 했던 표현과 다를 바가 없기 때문에 필자는 이 비문의 전반적인 표현은 불교의 평등사상과 관련을 갖고 있다고 생각한다. 그러므로 아쇼카의 다르마정책 실시로 모든 인민은 출생과 관계없이 노력에 의하여 종교에 전념할 수 있고 신들과 교류할 수 있게 되었기 때문에 브라만교에서 제한되고 있던 종교적 기회를 하층민에게까지 개방하고 있는 것이라고 할 수 있다.

(3) 다르마정책의 종교적 과보 – 생천사상에 대하여

아쇼카왕이 비문에서 말하고 있는 다르마를 따르고 실천함으로써 인민이 획득할 수 있는 종교적인 과보는 어떠한 것인가. 비문에 나타나고 있는 것으로써의 종교적인 과보는 '생천' 즉 내세에 천상에 태어난다고 하는 것이다. 아쇼카왕은 암벽비문 6장에서 '내가 하는 모든 노력은 무엇이든지 생류에게 입은 채무를 이행하기 위한 것이며 그들이 현세에서의 행복과 내세에서의 생천을 획득하게 하기 위한 것'이라 했고 암벽비문 9장에서는 인민들이 일상생활에서 하는 각종의 의례가 무의미함을 강조하고 이어 '다르마를 실천함으로써 현세에 그 목적이 달성되지 않더라도 내세에서의 끝없는 공덕이 이루어진다. 또한 현세에서 그 목적이 달성된다면 현세의 목적과 내세의 끊임없는 공덕 두 가지를 모두 얻게 되는 것이다.'라고 하여 다르마의 실행으로 얻어질 수 있는 두 가지 공덕 즉 <현세의 행복과 내세에서 생천의 획득>을 말하고 있다.83) 그러므로 아쇼카왕의 비문에 나타난 바에 근거한다면 다르마정책의 종교적인 과보는 '생천'이라고 할 수 있다. 그런데 생천이라고 하는 것은 브라만교의 윤회관에서 말하는 최상의 과보이고, 불교에서는 생천을 넘어서 해탈하는 것을 최종 목표로 하고 있기 때문에84) 불교적으로는 부정되어야 할 것임에도 불구하고 아쇼카왕이 다르마의 실천으로 '내세에 생천의 과'를 획득할 수 있다고 함으로써 다르마정책의 근간이 불교사상인가 하는 의문을 낳게 하여 학자들 간의 많은 논란이 전개되었다. 그러나 해탈이라고 하는 것은 출가수행자가 추구해야 할 목표이며, 재가신자의 목표로써는 '생천'을 제시하고 있는 경전들이 많이 있다.85) 즉 출가수행자들에게는 생천이라고 하는 것이 극복되어야 하는 집착이지만 재가 신자들에게는 해탈에 이르기 위한 전 단계로써 생천이 제시되고 있는 것이다. 그렇기 때문에 아쇼카왕이 다르마를 근간으로 교화하고자 하였던 대상은 출가자가 아니고 일반의 인민이었다고 하는 것을 고려한다면 아쇼카왕이 '생천의 과'를 언급하고 있다고 하여 이것을 근거로 '다르마정책의 사상적 기반이 불교라고 볼 수 없다.'라고 하는 것은 무리가 있다. 그렇다면 아쇼카의 비문에 나타나는 생천관이 갖는 의미는 무엇인가 하는 것을 살펴보기로 하자.

브라만교에서는 천상에 태어난다고 하는 것은 상위 계층들에게만 가

---

83) <현세의 행복과 내세에서의 생천>이라고 하는 것은 P. E. 3장, p.122; R. E. 6장, p.58: R. E. 9장, p.61 등의 여러 곳에 표현되고 있다.

84) Digha Nikaya vol.3, p.239; Majima Nikaya vol.1, p.102; *Anguttara Nikaya vol.*3, p.250. 등에는 출가사문이 생천에 집착하는 것을 버려야 한다고 한다.

85) *Sanyutta Nlkaya* vol.1, p.231, vol.5, p.369; *Anguttara Nikaya vol.*1, p.210; vol.3, p.287, 314, 316; vol.5, p.331, 334; 『중아함』 2권, p.171(경번호 117).

능한 것으로 되어 있으나 아쇼카는 이러한 생의 과를 노력에 의하여 하층 계층도 획득할 수 있다고 말하고 있다.

왕이 하는 모든 노력은 무엇이든지 내세의 공덕을 위한 것이며 모든 인민이 위험으로부터 자유로워지는 것이다. 그 위험이라고 하는 것은 비덕(非德)이다. 그러나 그러한 것(내세의 공덕)은 모든 목적을 제쳐두고 노력하지 않으면 높은 계층의 사람에게나 낮은 계층의 사람에게나 달성되기 어려운 것이다. 그러나 그것을 높은 계층의 사람들이 달성하기는 더욱 어렵다.[86]

필자가 이 비문을 언급하고자 하는 것은 '천의 획득(내세의 공덕)'의 개념이 다르마에 근거한 도덕적 생활의 결과로써 얻어질 수 있는 가치 있는 것이거나 상징적인 의미를 갖고 있는 것,[87] 혹은 불교적인 해탈론에 관련된 것이든지[88]를 불문하고, 당시의 일반민에게 최상의 과보라고 하는 천의 획득(생천)이, 상층·하층을 불문하고 모든 것을 제쳐두고 열심히 하지 않으면 어려운 것이라고 하고 있지만, 노력한다면 낮은 계층의 사람들도 '천의 과'를 획득할 수 있다는 점에서는 출생과

---

86) R. E. 10장, p.62.

87) 타파는 '아쇼카가 법에 의한 도덕적인 생활에의 과보로써 천을 획득한다고 한 것이라면, 이것은 아쇼카의 다르마에 의한 도덕적인 이상의 숭고함에 비추어 볼 때 빈약한 생각이라고 할 수 있을 것이다. 아쇼카가 내세에 대한 믿음을 갖고 있지 않았다고 할 수는 없지만 아쇼카가 여기서 천의 과를 언급하고 있는 것은 당시의 철학적 체계 속에서 이 비문을 읽을 일반민들에게 가치 있는 것으로 여겨지는 천의 과보라고 하는 가치 있는 상징을 제시하고자 시도한 것으로 볼 수 있다.'고 이해하고 있다(Romila Thapar, *Asoka and the Decline of the Mauryas*, p.149).

88) 和什哲郎는 '아쇼카가 비문에서 말하는 피안이나 천 등을 내세 혹은 생천 등으로 해석하는 것은 윤회사상을 주입시켜 해석하는 것이며 아쇼카 비문의 본 뜻이 아니다. 아쇼카의 피안, 천 등의 언급은 생전 사후의 시간적인 구별이 있는 것이 아니고 현상세계와 이상세계 열반세계 등의 공간적으로 쓰이고 있는 것이다.'라고 하여 불교적인 해탈론들과 연결시켜 이해하고 있다(和什哲郎, 『原始佛敎の實踐哲學』, pp.289 이하).

상관없이 모두 노력을 전제로 평등하다는 관념을 보여 주고 있다는 점이다. 물론 실제에 있어서 하층 계층이 모든 것을 제쳐두고 도덕적인 생활에 전념할 수 있겠는가 하는 것이 문제가 되기는 하지만, 이것은 인민들에게 다르마정책의 종교적 과보에 대하여 구체적인 이해를 가능하게 하고, 한편으로는 모든 인민들이 노력에 의하여 생천의 과를 획득할 수 있음을 보임으로써 브라만적인 계급관을 벗어나 불교적인 평등관을 제시하고 있는 것이다. 그러므로 아쇼카의 생천관은 어떠한 관점으로 이해하더라도 불교적인 영향을 배제할 수 없다고 본다.

지금까지 살펴본 바와 같이 아쇼카왕의 종교정책은 화합과 종교적 개방을 바탕으로 하고 있다. 여기에 나타나고 있는 종파의 화합과 모든 인민에게 종교적인 기회를 개방한다고 하는 것은 한편으로 보면 불교적인 평등사상이 실현되고 있는 것으로 볼 수 있다. 어떠한 종파에 치우치지 않고 특히 브라만에 대한 반복적인 존경의 표현이 다르마정책의 사상적 기반이 불교였는가 하는 의문을 갖게 하는 면도 없지 않으나 이러한 포용이야말로 다르마정책의 사상적 기반이 불교였기에 가능한 것이었다고 필자는 생각한다. 브라만 사상을 바탕으로 해서는 모든 종파의 수용이나 모든 인민에게 종교적인 개방이라고 하는 것은 기대할 수 없는 것이다. 그러므로 아쇼카왕의 다르마정책은 불교를 그 사상의 바탕으로 하여 종파적인 화합과 종교적 기회를 확대하고 모든 인민들에게 차별 없는 생천관을 제시함으로써 불교의 평등사상이 적극적인 영향을 미치고 있었던 것으로 이해되어야 할 것이다.

본 장에서는 아쇼카왕의 다르마 정책에 미친 불교의 영향과 마우리아 왕조 이후의 불교에 대하여 살펴보았다. 아쇼카왕의 다르마정책의 실시는 외형적으로는 칼링가 정복이라는 것을 계기를 갖고 있지만 그 내면에는 왕권 강화를 위한 브라만사상의 극복과 통일된 제국의 인민을 포용해야 하는 내적 계기를 갖고 있다. 다르마정책의 사상적인 바탕도 이러한 내적인 문제를 포용할 수 있는 사상이어야 했기 때문에 평등사상을 중심으로 하는 불교가 사상적 바탕이 되었다.

아쇼카왕의 다르마정책의 실시로 정치적으로는 '모든 인민'이라고 하는 사상이 형성되었으며 '모든 인민은 나의 자식이다.'라고 관념으로 전제적 왕권을 보이는 동시에 '인민에 대한 채무의 이행'이라고 하는 온정적인 왕의 모습을 보임으로써 왕권을 강화하고 제국 내의 안정을 도모하고자 했다. 사회적으로는 인민에 대한 올바르고 평등한 사법적 대우를 강조함으로써 전체 인민을 포용하고 계층적인 차별의식에서 벗어나 제국의 기초가 되는 인민으로 이해시키고자 했다. 또한 종교적인 면에서는 모든 종파의 화합을 강조하고 종교적 기회를 하층에게까지 확대하였으며 모든 인민에게 출생과 관계없이, 최상의 과보로 인식되고 있는 생천을 획득할 수 있다고 함으로써 브라만교의 차별적 종교관을 극복하고 있다.

이러한 면을 종합해 보면 붓다시대 이래 불교사상은 평등사상을 중심으로 부분적인 영향을 미쳤으나, 아쇼카왕 시대에 이르면 다르마정책의 실시로 정치적으로는 정법주의가, 종교 사법적으로는 평등사상이, 국가 전반에 영향을 미침으로써[89] 불교사상이 국가의 중심사상으로 자리 잡게 되었다고 할 수 있을 것이다.

---

89) 김영태 교수는, 「불교적 치국의 사적 실제」, 『불교학보』 제10집(동국대학교 불교문화연구소, 1973), pp.136-147; 「불교의 사회적 역할」, 『동국사상』 17집(동국대학교 불교대학, 1984), pp.15-17 등에서 "아쇼카왕이 지향했던 '다르마에 의한 승리'는 정법의 구체적 실현이며, 아쇼카왕은 붓다의 가르침대로 지상에 이상정토를 세우고자한 전륜성왕이었다."고 보고있다.

VII. 결 론

본 연구에서는 불교와 평등사상의 성립, 불교가 왕권과 생산계층에 미친 영향 그리고 아쇼카왕 다르마정책에서의 불교의 역할 등에 관하여 검토하였다. 불교사상은, 세속적으로 타락하고 의례행위를 일삼는 브라만사상과 그에 반발하는 유물론적인 신흥사상이라고 하는, 양극단을 지양하는 종합적인 사상으로 형성되었다. 붓다는 당시의 업에 대한 새로운 해석으로 계급적 사상을 극복할 수 있는 지향점을 제시함으로써 계층적 차별의식에 대한 무상함을 논하고 출생에 의한 차별을 넘어설 수 있는 다양한 가르침을 폈다. 또한 계급의식으로 교만한 당시의 브라만들을 교화시키는 한편 종교적으로 차별을 받고 있던 하층계층에 대하여도 문호를 개방하여 불교에 귀의한 출가자들의 평등적 수행을 추구했다. 불교 교단 내에서는 평등사상이 실현되고 있었으나 세속적인 측면에서는 평등사상을 실현하기 위한 적극적인 노력이 부족했기 때문에 불교가 정치 사회적인 개혁자로서의 역할을 충분히 담당하지 못했다고 지적되고 있으며, 불교 평등론의 한계가 논의되기도 한다. 그러나 중도사상을 근간으로 하고 있는 불교에서 본다면 적극적인 사회개혁 사상은 또 하나의 극단을 낳는 것이기 때문에 불교에서 이러한 급진적인 개혁사상을 찾으려 하는 것 자체가 무의미한 것 일 수 있다.

　　붓다시대 전반에 걸쳐 왕권강화의 사상적인 배경은 불교보다는 브라만적인 정치사상이었다. 왕권은 인민에 의해 위탁된 것이라고 하는 왕권사상과 평화지향적인 불교의 국가관이, 전쟁의 소용돌이에 빠져있는 16국시대나 4국시대에 수용되기 어려운 면을 갖고 있었기 때문이다. 그러나 왕권과 신권을 연계시킴으로써 왕권강화에 일익을 담당했던 브라만 사제계층의 세력이 확대되고 타락하여 오히려 왕권 강화의 장애 요소로 등장했기 때문에, 이들 세력을 극복하기 위해서는 브라만적인 계급론이 극복되어야 한다는 것을 인식한 군주들은 계급론을 부정하는 새로운 사상에 관심을 갖게 되었다. 뿐 아니라 국가재정에 중요한 역할을 담당하고 있는 상인계층들을 포용할 필요성을 갖고 있었기 때문에 이들 계층에게 영향을 미치고 있는 불교사상에 관심을 갖지 않을 수 없었다.

그러나 불교를 수용하고 있는 왕들이 여전히 브라만적인 왕권강회의식을 거행하고 있는 데서 볼 수 있는 바와 같이 붓다시대의 왕들은 브라만교의 정치사상을 수용하고 있었으며, 국가론이나 통치론에 대한 관심에서보다는 문제가 되고 있는 브라만세력을 극복하기 위하여, 평등사상을 중심으로 불교에 관심을 갖게 되었다. 이 때문에 불교사상은 지배 체제 전반에 영향을 미치지 못하고 왕권 강화라고 하는 제한적 측면에서 왕들에게 수용되고 있음을 볼 수 있다. 그러므로 붓다시대로부터 마우리아제국 초기까지의 군주권들은 불교사상을 적극적으로 수용하는 데까지 이르지 못하였고 사제계층의 정치적 역할도 크게 줄어들지 않았던 것으로 보인다.

불교의 사회적 기반은, 브라만의 계급제와 실질적인 능력 사이의 모순을 절감하고 있던, 상인 계층을 중심으로 형성되었다고 본다. 바이샤 계층 출신인 가하파티와 세티 등의 상인 계층은 실질적으로는 경제력을 바탕으로 지배 계층과 다름없는 세력을 형성하고 있었으나, 브라만적인 계급제하에서는 바이샤라고 하는 생산 계층으로 차별되고 있었는데, 이러한 계층 인식의 모순이 이들 상인 계층으로 하여금 불교에 관심을 갖게 했고, 이들을 중심으로 불교의 인적, 물적 기반이 형성되었다. 그러므로 이들 계층의 불교적 관심도 결국 왕들과 마찬가지고 평등사상이었던 것으로 볼 수 있다.

한편으로 하층의 봉사 계층이던 수드라계층은 붓다시대 이후 점차 경작민으로서 생산의 일부를 담당하게 되었다. 수드라 계층이 경작자로 변화된 계기는 붓다 시대 이후 농업생산의 변화와 깊은 관계가 있는 것으로 생각된다. 황무지의 개척으로 농업생산 인구가 부족하게 되었고 한편으로는 농업기술이 발달하여 철제 쟁기가 일반적으로 보급되었으며 시비법도 발달하여 동물의 분뇨를 비료로 사용하는 단계로까지 발전되었다. 이러한 농업생산의 변화는 농업의 부정성을 증가시켜 상층 출신자들이 농업생산을 기피하게 되었던 것인데 이러한 배경 하에서 수드라들은 점차 경작민으로 변화되어 갔다.

불교는 모든 계층의 평등을 설하여 브라만교에서 종교적으로 극도의 차별을 받고 있던 수드라계층에게도 종교의 기회를 개방하고 있다. 계급제 사회에서 가장 차별되고 있던 수드라계층이 불교와 평등론을 적극적으로 수용하였을 것으로 추측할 수도 있으나 사실상 수드라 계층에게는 불교사상의 영향이 크게 나타나지 않고 있다. 그것은 불교사상이 평등론을 설하고 있고, 하층계층을 의식적으로 배제하고 있지는 않으나, 불교사상과 그 실천이라고 하는 것이 상당한 지적인 노력을 요하는 것이었기 때문에 생산에 매달려 지적 욕구를 충족하고자 하는 여유를 갖지 못하는 하층 생산계층에게는 적극적인 불교의 영향이 나타나고 있지 못한 것이다. 그러므로 불교는 하층의 생산 계층보다는 왕과 부유한 상인계층을 중심 세력으로 하여 성장했고 이러한 면이 인도에서 불교가 뿌리를 깊이 내리지 못한 요인이기도 하다.

불교는 평등사상을 중심으로 군주권과 생산 계층에게 지속적인 영향을 미쳐왔으나 지배체제 전반에 걸쳐 불교의 영향이 나타나고 있는 시기는 아쇼카왕의 시대라고 할 수 있을 것이다. 아쇼카왕이 적극적으로 불교를 수용하여 국가의 지배이념으로 삼은 외면적 계기는 칼링가 정복이었다. 한편으로는 아쇼카왕 시대에 이르러 대외적인 영토 확장이 완성됨으로써 정치적인 과제가 제국 내의 통치질서를 확립하는 것으로 변화되었으며 이를 위해서는 모든 인민을 포용할 수 있는 사상이 필요하게 되었다고 하는 내면적 계기도 갖고 있었다고 본다. 방대한 영토를 통일한 아쇼카왕 시대에는 계급적이고 종족적인 브라만 사상보다는 계급적 차별을 극복하고 모든 인민을 동질의 것으로 보는 사상이 필요하게 되었기 때문에 평등을 설하고 있는 불교가 국가의 중심 사상이 될 수 있었다. 또 불교의 평화 지향적 성격은 제국의 통일 과정에서는 받아들여지기 어려운 면이었으나 통일 후의 인민들에게나 왕에게 심리적 안정을 줄 수 있는 면으로 인식되었을 것이다.

아쇼카왕은 불교를 사상적 바탕으로 다르마정치를 실시하여 모든 인민을 포용함으로써 '모든 인민'이라고 하는 개념이 형성되었고 이러한 개념을 바탕으로 강력한 왕권을 추구하고, 불교적인 전륜성왕의 이상을 실현하려고 했다. 이와 같은 정치적 이상은, 사법적 절차와 처리에 있어서 모든 인민을 평등하게 취급하고 종교적으로는 모든 인민에게 종교적 기회를 개방함과 아울러 모든 종파의 화합을 추구함으로써 실현될 수 있는 것이었다. 그러므로 아쇼카왕 시대는 정치적으로는 정법주의, 사회적으로는 평등주의라고 하는 불교적 이상이 실현되고 있는 시기라고 할 수 있다.

붓다시대 이래 형성된 불교와 평등사상이 아쇼카왕 시대에 이르러 국가의 중심 사상이 되고 그 이상적인 국가론이 실현되는 시기를 맞이했으나 인도에서의 불교적 평등사상은 사실상 아쇼카왕 시대 이후 쇠퇴하였다. 인도에서의 불교는 아쇼카왕 이후 승가왕조(Sunga, 기원전 185년경-기원전 73년경)가 들어서면서 브라만교의 반격으로 약화되었으나 카니시카왕 시대에 다시 그 찬란한 빛을 발하였으며, 이어 부파 불교와 대승 불교로 변화 발전되었다. 그러나 평등사상의 영향이라고 하는 것은 아쇼카왕 시대 이후 거의 찾아보기 힘들다. 불교의 평등사상이 영향을 상실하게 된 것은 승가왕조의 브라만주의 때문이었다고 볼 수 있으나 한편으로는 불교의 전반적인 쇠퇴와도 밀접한 관계를 갖고 있다. 인도에서 형성된 불교가 동아시아의 각국에서는 고대 이후에도 지속적으로 발전하여 그 영향을 미치고 있으나 인도에서는 불교가 중세 이후 급속히 쇠퇴하게 되었다. 불교의 쇠퇴 원인에 대하여는 다양하게 논의되고 있으나 그 주요 원인은 대중을 적극적으로 흡수하지 못한 데 있다고 할 수 있다. 불교가 인도에서 일반 인민을 적극적으로 흡수하지 못한 원인은 무엇인가.

첫째, 불교가 일반인민이 행하고 있는 의례를 부정하면서 실제생활에서 그에 대체할 만한 것을 제시하지 못했다는 것을 들 수 있다. 일상의 생활에서 행하는 가정의례와 같은 것들이 브라만교의 의례와 관련되어 있는데 불교는 합리주의적인 성격을 바탕으로 하여 주술·제사 등을 부정하면서, 이를 대신할 만한 민간의 의식을 제시하지 않았다. 모든 일상적 의례를 부정하며 철학적인 사색만으로 민간을 포용할 수 없었고 그러한 면이 불교가 종교적으로 인민 다수에게 깊이 영향을 미치지 못한 요인이 되었다.

둘째, 농민층을 포용하지 못했다고 하는 것이다. 이것은 첫째 원인과도 연결된 것인데 농민계층들은 불교에서 강조하고 있는 불살생의 계를 지키기 어려운 것은 물론이고 자연의 거대한 힘에 대한 의존도가 높아서 그들의 생산과 의례행위가 분리되지 않고 있기 때문에, 의례의 부정은 농민들의 불교수용을 어렵게 했다. 불교에서 살생을 금하는 것은 <자비정신>을 바탕으로 하고 있는 것인데 굽타시대의 경전에는 왕에게 살생을 일으키는 수렵을 금하도록 훈계 하고 있는 것들도 있고 도살업, 사냥꾼, 어부 등의 직업을 <그릇된 직업>이라고 하며 자비심을 일으켜 이러한 직업을 버릴 필요가 있다고 했다. 또한 이상적인 군주가 지배하는 곳에는 이러한 나쁜 직업이 존재하지 않는다고 하여 불교에서는 불살생을 강조하고 있다.[1] 불살생과 농업이 관련이 있기 때문에, 인도에서 불교와 더불어 불살생을 강조하고 있는 종교인 자이나교의 신자들은 대부분은 살생의 위험이 따르는 농업보다는 상업을 택하고 있다.[2] 이와 같이 농업 종사자들이 불살생의 계를 지키기 어려웠

---

1) 中村元, 「大乘佛教成立の社會的 背景」, 『大乘佛教の成立史研究』(東京: 三省堂, 1953), pp.390-391.

다고 하는 것은 불교가 농민층을 포용하지 못한 일 요인이라고 생각된
다. 그러나 브라만교는 서력기원을 전후하여 민중의 토속적인 종교와
신들을 포용하는 힌두교로 변신하면서 농민계층을 브라만교의 중요 기
반으로 확보하게 되었다. 고대제국의 멸망과 중세사회로의 전환은 상
인세력의 쇠퇴와 촌락 중심의 농촌경제를 바탕으로 전개되어 농민층을
포섭하지 못한 불교가 중세시기에 쇠퇴한 것은 당연한 결과였다. 모든
계층에게 포용될 수 있는 평등사상을 갖고 있는 불교가 종교적으로는
다양한 계층에게 수용되지 못하였고 상인계층과 일부 왕들의 지원을
중심으로 성장함으로써 중세 시기 이들 세력과 지원이 약화되자 불교
는 그 지지기반을 상실하게 되었다.

　셋째, 불교는 재가신자들에 대한 교단 형성을 하지 않았다고 하는
점이 다. 붓다시대 이후 불교는 부파불교시대를 거쳐 대승불교로 발전
했다. 부파불교시대에 승원, 출가자 중심으로 불교가 발전하면서 일반
재가신자들에 대한 종교적 제시가 미흡했다. 굽타 시대에는 불교 교학
이 고도의 수준에 이르고 있는 한편 대승불교의 초기에는 재가자 중심
의 불교가 형성되었으나 점차 승원이 발달하자 대승불교 역시 승원을
중심으로 발전하여 승원에서 생활을 영위하는 대승, 소승의 출가자 집
단과 민중과의 거리는 점차 멀어져[3] 대중들은 힌두교로 기우는 경향
이 강했다.

---

2) 早島鏡正, 高岐直道 공저, 『インド思想史』, p.36.
3) 불교는 인민대중이 사용하는 속어를 교단어로 사용했으나 굽타시대 이후 교단
　용어로 산스크릿을 채용함으로써 대중과 더욱 거리를 갖게 되고 또한 힌두교
　에 대항할 특징을 상실하게 되는 계기도 되었다. 산스크릿을 사용함에 있어서
　처음에는 각 종파의 술어를 속어형(Prakrit)으로부터 산스크릿형으로 고치는 데
　그쳤으나 후에는 브라만교에 있는 일반적인 철학적 용어를 사용하여 연구하고
　논의하기에 이르렀다. 이러한 경향은 불교에서는 논리학자 티크나크(Tiknak, 기
　원후 400-480년) 이후 현저해지기 시작하였고 다르마 길티(Dharma Gilty, 기원
　후 7세기) 이후 더욱 확고해졌다. 자이나교에 있어서는 프라크릿을 선호했으나
　불교는 이 점에 있어서는 극히 뛰어난 적응성을 보였다(中村元, 『インド古代史
　下』 p.448).

이와 같이 불교는 대중을 흡수하지 못함으로써 부파불교시대에 이미 그 쇠퇴의 징조가 보이기 시작했다. 그러나 대승불교에 있어서는 대중적 종교를 지향하여 재가신자들을 중심으로 하는 불교적 발전을 추구하여 제불·제보살에 대한 숭배 사상이나 붓다에 의한 구제사상 등은 부파불교에 비하여 훨씬 재가자들에게 종교적 접근을 쉽게 했으나, 대승불교가 대중적 불교로 성장하는 과정에서 수용한 유신론적 성격은 불교와 힌두교가 구별될 수 있는 요소를 상실하게 함으로써 오히려 불교 세력을 약화시키는 결과를 낳았다. 힌두교가 토속적인 신앙을 포용하고 일상생활 규범을 체계화하여 대중을 포용하고 있었던 데 반하여 불교는 대중포용에 실패하고 대중포용을 위한 대승불교의 성립과 밀교로의 변화는 오히려 불교가 힌두교에 대항할 수 있는 특징을 상실하게 함으로써 불교의 쇠퇴를 심화시켰다.

구제사상이나 유신론적인 성격을 수용함으로써 불교는 힌두교와 유사한 성격을 갖게 되었으나, 불교가 힌두교와 차별화될 수 있는 가장 커다란 차이는 평등사상과 계급론의 차이라고 할 수 있을 것이다. 브라만교가 카스트제에 근거한 계급론을 바탕으로 하고 있으며, 불교가 평등사상을 바탕으로 브라만교의 계급론을 부정하고 있다고 하는 것은 본 연구의 전반에 걸쳐 살펴본 바인데, 기원전후한 시기에 힌두교로 변화된 브라만 사상에 있어서는 모든 인간이 지켜야 할 보편적인 윤리보다는 4개의 계층이 각각 지켜야 할 특수 윤리가 강조되고, 각 계층에게 주어진 계급적 특수 의무에 충실함으로써 해탈에 이를 수 있다는 행위의 윤리가 강조되어 계급론이 한층 더 강화되었다.[4] 이와 같이 계급 윤리가 강조되고 있었기 때문에 모든 인간은 평등하다고 하는 불교의 평등사상은 설득력이 약하였을 뿐 아니라, 현재의 계급적 불평등과 차별이 '전생의 업에 의한 결과'라는 숙명론적인 업 사상을 믿고 있는 인민 다수에게는, 개인의 의지적 작용을 중시하고 있는 불교의 업 사

---

4) 길희성, 「바가바드기타에 나타난 힌두교의 사회윤리」, 『인도학인도철학』 창간 제1집(서울: 민족사, 1989), pp.68-81.

상 역시 큰 영향을 미치지 못했다. 이와 같이 불교의 업 사상이나 평등사상이 인민들에게 영향력을 발휘하지 못함으로써, 불교의 평등사상은 오히려 불교가 인도에서 쇠퇴하게 된 하나의 요인이 되었다.

이러한 여러 요인들로 인하여 인도에서는 아쇼카왕 시대 이후 장기간에 걸쳐 평등사상이 쇠퇴하였고 불교 역시 쇠퇴의 길로 접어들었기 때문에, 이후 인도 사회에 있어서는 힌두교와 그를 지탱해주는 계급론이 지배적인 사상이 되었다. 이러한 인도의 계급적 차별의식은 현대에 이르기까지 심각한 사회문제가 되고 있으며 불가촉 천민제라고 하는 문제도 발생하게 되었다. 영국지배 시기에 불가촉 천민들은 카스트적 차별의 부당함을 인식하고 이를 극복하고자 노력했으나 간디 시대에도 이러한 차별은 극복되지 않았다. 이러한 차별적인 현실을 극복하기 위하여 힌두교 내부에서 계급론의 폐지나 극복을 주장하는 사람들도 있었으나5) 브라만, 힌두사상의 바탕이 되고 있는 계급사상은 극복되지 못했다. 이 때문에 힌두교를 인정하는 상태로는 카스트힌두의 계급적 차별론을 극복할 수 없다는 것을 깨닫게 되었고, 결국 불가촉천민 해방운동 지도자들 가운데, 암베드카르(Ambedkar) 등의 적극적인 개혁자들은 불교로 개종하였다.6) 이들이 힌두교를 포기하고 불교로 개종하게 된 것은 불교가 갖고 있는 평등사상의 중요성을 인식했기 때문일 것이다.

---

5) 1828년 성립된 브라마협회(Brahma-Samaj)를 중심으로 한 람모한 로이(Ram Mohan Roy)의 사회개혁 운동과 1875년 설립된 아르야협회(Arya-Samaj)를 중심으로 한 사라스바디(Dayananda Sarasvadi)의 개혁운동은 카스트 철폐, 우상숭배 금지, 유아혼, 샤티(sati, 과부순장)의 금지를 주장하여, 여성의 사회적 지위를 높이고 미신적 요소를 다소 극복하였으나 베다에 근거한 계획이라는 측면을 갖고 있어서 카스트에 대한 개혁은 크게 성과를 거두지 못했다.

6) 암베드카르의 불가촉천민 해방운동과 불교개종에 관하여는 山崎元一, 『インド社會と新佛敎運動』(東京: 刀水書房, 1979), 참고.

參考資料

〈인용 사료〉

1. 「新修大藏經」(東京: 大正一切經刊行會, 大正 13년). 阿含部 上 1, 2권 下 3, 4권.

2. 한글대장경(서울: 東國大學校 東國譯經院, 1990).

    「長阿含」 1권.

    「中阿含」 1, 2, 3권.

    「雜阿含」 1, 2, 3권.

    「增一阿含」 1, 2권.

    「本生經」 1, 2, 3, 4, 5권.

    「四分律」 1, 2, 3권.

3. 『Dharmasutra』

    Gautama Dharmasutra, Apastamba Dharmasutra, Baudhayana Dharmasutra, Vasishtha Dharmasutra, S. B. E. vol.2, 14.

4. Hultzsch, Inscriptions of Asoka (Oxford: Clarendon Press, 1925).

5. Jataka or Stories of the Buddha's Former Births vol I-VI(Oxford: Pali Text Society, 1990).

6. McCRINDLE, Ancient India as Described by Megasthenes and Arrian(Calcutta: Chuckervertty, Chatterjee, 1926년).

7. 『Nikaya』

    Digha Nikaya, Majima Nikaya, Sanutta Nikaya, Anguttara Nikaya, Sacred Books of the Buddhist(London: Pali Text Society, 1977).

8. Satapatha Brahmana, S. B. E. vol.12, 26, 41, 43, 44.

9. Sutta Nipata, S. B. E vol.10.

10. The Question of King Milinda, S. B. E vol.35, 37.

11. The Law of Manu, S. B. E. vol.25.

12. Vinaya Text, (「Mahavagga」, 「Cullavagga」), S. B. E vol.13, 17, 20.

〈영문서적〉

1. Altekar, A. S. *State and Government in Ancient India.* Third revised and enlarged ed., reprinted. ed. Delhi: Motilal Banarsidass, 1977.

2. Bougle, Ce lestin Camille A. *Essais Sur Le Regime Des Castes*: pp. viii. 278. Paris, 1935.

3. Chaudhary, Radhakrishna. *Economic History of Ancient India.* Patna: Janaki Prakashan, 1982.

4. Davids, T. W. Rhys. *Buddhist India.* Delhi: Motilal Banarsidass, 1971.

5. Fick, Richard, (tr)Maitra, Shishir Kumar. *The Social Organization in North-East India in Buddha's Time*: University of Calcutta, 1920.

6. Gokhale, Balkrishna Govind. *Ancient India. History and Culture.* (Fourth Edition.): pp. 224. Asia Publishing House: London; Bombay printed, 1959.

---. *Asoka Maurya.* New York: Twayne Publishers, 1966.

7. Gonda, J. *Ancient Indian Kingship from the Religious Point of View.* Netherlands: Leiden, 1969.

8. Gupta, A. R. *Caste Hierarchy and Social Change : A Study of Myth and Reality.* New Delhi: Jyotsna Prakashan, 1984.

9. Hsu, Cho-yun. *Ancient China in Transition. An Analysis of Social Mobility, 722-222 B.C. [Stanford Studies in the Civilizations of Eastern Asia.]*: pp. viii. 238. Stanford University Press: Stanford, 1965.

10. Hutton, J. H. *Caste in India : Its Nature, Function and Origins.* 3rd ed. ed. Bombay: Indian Branch, Oxford University Press, 1981.

11. Kosambi, D. D. *An Introduction to the Study of Indian History.* Revised second ed. ed. Bombay: Popular Prakashan, 1975.

12. Kosambi, Damodar Dharmanand. *The Culture and Civilisation of Ancient India in Historical Outline*. Delhi, 1972.

13. Ling, Trevor. *The Buddha : Buddhist Civilization in India and Ceylon, Pelican Books*. Harmondsworth: Penguin, 1976.

14. Macdonell, Arthur Anthony. *A Sanskrit-English Dictionary*. Oxford University Press, 1965.

15. Majumdar, R. C. *Ancient India*. (Rev. 5th ed.) ed. Delhi: Motilal Banarsidass, 1972.

———. *Readings in Political History of India, History and Archaeological Series*. Delhi: B.R. Pub. Corp, 1976.

16. Mookerji, Radha Kumud. *Chandragupta Maurya and His Times*. Delhi: Motilal Banarsidass, 1966.

17. Radhakrishnan, S. *Indian Philosophy*. 2nd ed(Centenary edition). ed. London: Unwin Hyman, 1977.

———. *Religion and Society*. (2nd ed.) ed. London: Allen & Unwin, 1959.

18. Rapson, E. J. The *Cambridge History of India Vol. 1*. (2d ed.) ed. New Delhi: University Press, 1968.

19. Senart, E. mile Charles Marie. *Caste in India : The Facts and the System*. (S.l.): Methuen, 1930.

20. Sharma, Rajendra Nath. *Ancient India According to Manu*. Delhi: Nag Publishers, 1980.

21. Sharma, Ram Sharan. *Material Culture and Social Formations in Ancient India*. Delhi: Macmillan India, 1969.

———. *Perspectives in Social and Economic History of Early India*. New Delhi: Munshiram Manoharlal, 1983.

———. *Sudras in Ancient India*. 2nd. rev. ed. ed. Delhi: Motilal Banarsidass, 1980.

22. Smith, Vincent Arthur, Arthur Llewellyn Basham, John Bennett Harrison, Thomas George Percival Spear, and Robert Eric Mortimer Sir Wheeler.

      The Oxford History of India. Oxford: Oxford University Press, 1958.

23. Spiro, Melford Elliot. *Buddhism and Society*: London: Allen and Unwin, 1971.

24. Srivastava, Balram. "Trade and Commerce in Ancient India : From the Earliest Times to C. A.D. 300." Based on a Ph.D. thesis - Banaras Hindu University, 1963., Chowkhamba Sanskrit Series Office, 1968.

25. Strong, John. *The Legend of King Asoka*. Princeton, N.J.: Princeton University Press, 1983.

26. Stutley, Margaret, and James Stutley. *A Dictionary of Hinduism*. London: Routledge and Kegan Paul, 1977.

27. Thapar, Romila. *Asoka and the Decline of the Mauryas*. Delhi Oxford University press, 1966.

28. Thapar, Romila, and Thomas George Percival Spear. *A History of India*, *Pelican Books*: Harmondsworth, 1966.

29. Varma, Vishwanath Prasad. *Early Buddhism and Its Origins*. New Delhi: Munshiram Manoharlal Publishers, 1973.

30. Wagle, Narendra. *Society at the Time of the Buddha*. Bombay: Popular Prakashan, 1966.

〈일본서적〉

1. 塚本啓祥, 「アショーカ王碑文」, 東京, 第三文明社, 1976.
　 塚本啓祥, 「初期佛敎敎團史硏究」, 東京, 山喜房佛書林, 1980.

2. 中村元, 「インド古代史」上, 東京, 春秋社, 1963.
　 中村元, 「原始佛敎の生活倫理」, 東京, 春秋社, 1978.
　 中村元, 「インド思想史」, 東京, 岩波書店, 1983.
　 中村元, 「原始佛敎」, 東京, 日本放送出版協會, 1971.

3. 山崎元一, 「古代インド社會の硏究」, 東京, 刀水書房, 1986.
　 山崎元一, 「アショ-カ王とその時代」, 東京, 春秋社, 1982
　 山崎元一, 「アショ-カ王傳說の硏究」, 東京, 春秋社, 1979.

山崎元一, 飜譯, 「國家の起源と傳承」, (Romila Thapar, 著), 東京, 法政大學出版局, 1986.

4. 和什哲郎, 「原始佛敎の實踐哲學」, 東京, 岩波書店, 1932.

5. 增谷文雄, 「佛陀時代」, 목정배 번역, 經書院, 1984.
   增谷文雄, 「根本佛敎」, 東京, 筑摩書房, 1982.
   增谷文雄, 「根本佛敎と大乘佛敎」, 東京, 三容堂, 1983.

6. 佐佐木現順, 「業論の研究」, 東京, 法藏館, 1984.

7. 佐藤密雄, 「佛敎敎團の成立と展開」, 東京, 敎育新潮社, 1967.

8. 水野弘元, 「原始佛敎」, 京都, 平樂寺書店, 1972.
   水野弘元, 「パーリ語 事典」, 東京, 春秋社, 1981.

9. 早島鏡正.高崎直道 共著, 「印度思想史」, 東京大學出版會, 1985.

10. 上村勝彦 譯, 「カウチィリヤ實利論」, 東京, 岩波書店, 1984.

11. 春日禮智, 「佛弟子傳」, 京都, 百華苑, 1969.

12. 平川彰, 「原始佛敎の研究」, 東京, 春秋社, 1964.

13. 赤沼智善, 「原始佛敎之研究」, 名古屋, 破塵閣書房, 1939.

14. 定方晟, 「アショーカ王傳」, 東京, 法藏館, 1982.

15. 小山榮三, 「インド佛敎時代の社會と經濟」, 東京, 第一法規, 1980.

16. 西山武一, 「アジア的農法と農業社會」, 東京, 東京大學出版會, 1971.

〈국내서적〉

1. 金東華, 「原始佛敎思想」, 보련각, 1992.

2. 吉熙星, 「印度哲學史」, 민음사, 1984.

3. 徐景洙, 「印度佛敎史」, 韓國佛敎研究院, 1978.

4. 鄭柄朝, 「印度哲學思想史」, 경서원, 1980.
   鄭柄朝, 「인도史」, 대한교과서주식회사, 1992.

5. 정승석 譯, 「불교의 정치철학」, 대원정사, 1988.(Piyasena Ditsanayake, The Political Thought of The Buddha).

6. 차차석 譯, 「佛敎政治社會學」, 佛敎時代社, 1993.(中村元 著, 『宗敎と社會倫理』, 岩波書店, 1969.)

7. 曺吉泰, 「印度史」, 민음사, 1994.

8. 元義範, 「印度哲學思想」, 佛教思想社, 1977.

9. 진열, 「業研究」, 경서원, 1988.

〈참고논문〉

1. 山崎元一, 「古代イントの村落と土地所有」, 辛島昇 編, 『イント史における
   村落共同體の研究』, 東京大出版會, 1976.
   山崎元一, 「古代インド奴隷制研究の現段階」, 『史學雑誌』 74-6.

2. 宮本正尊, 「佛教平等觀の成立史的研究」, 宮本正尊 編 『大乘佛教の成立史的
   研究』, 三省堂, 1956.

3. 高崎直道, 「古代イント"における身分と階級」, 『古代史講座』 7, 學生社, 1962.

4. 中村元, 「マウリヤ王朝」, 『古代史講座』 4권, 學生社, 1962.
   中村元, 「インドの古代商業」, 『古代史講座』 9권, 學生社, 1962.
   中村元, 「サーリプッタに代表された最初期の佛教」, 『印度學佛教學研究』 14-2호.
   中村元, 「大乘佛教興起時代のインドの社會構成」, 『印度學佛教學研究』 4-1호.
   中村元, 「マウリヤ王朝時代における宗教者」, 『印度學佛教學研究』 2-2호.
   中村元, 「マウリヤ王朝時代における沙門」, 『印度學佛教學研究』 3-2호.
   中村元, 『大乘佛教成立の社會的 背景』, 『大乘佛教の成立史研究』(東京: 三
   省堂, 1953).

5. 小笠原隆元, 「Asoka王時代の佛教にす關する考察」, 『印度學佛教學研究』 19-2호.

6. 三枝充悳, 「原始佛教の宗教性と倫理性」, 『印度學佛教學研究』 19-2호.

7. 西村心華, 「チヤ-タカに現れたる古代印度の村落」, 『印度學佛教學研究』 2-2호.

8. 井上教順, 「チヤ-タカにおける生天倫理の性格について」, 『印度學佛教學研究』
   2-2호.

9. 雲井昭善, 「輪廻と無我について」, 『印度學佛教學研究』 2-2호.
   雲井昭善, 「佛教興起時代の社的背景」, 『印度學佛教學研究』 4-2호.
   雲井昭善, 「初期佛教教團と舍衛城」, 『印度學佛教學研究』 18-2호.

10. 金兒默存, 「原始佛教における輪廻の思想」, 『印度學佛教學研究』 1-2호.

11. 春日禮智, 「佛教印度の社會」, 『印度學佛教學研究』 18-1호.

　　　春日禮智,「佛典より見たる古代印度の社會」,『印度學佛教學研究』 10-1호.

12. 熊谷進,「原始佛教教團の擴大について」,『印度學佛教學研究』 28-2호.

13. 賀幡亮俊,「初期佛教教團を動かすもの」,『印度學佛教學研究』 6-2호.

14. 紀野一義,「古代銘文にあらわれた長子. 居士について」,『印度學佛教學研究』
　　　5-1호.

15. 平川彰,「僧家の超世間性と國家權力」,『印度學佛教學研究』 12-2호.
　　　平川彰,「大乘佛教の成立」,『古代史講座』 12, 東京, 學生社, 1962.

16. 山田龍城,「原始佛教教團の擴がりとその時代區分」,『印度學佛教學研究』 1-2호.

17. 西義雄,「原始佛教における社會觀」,『印度學佛教學研究』 1-2호.
　　　西義雄,「阿育王の佛教受用と其の法の意味」,「東洋學研究」(東京, 東洋大學, 1976).

18. 郡德行,「原始佛教教團の社會的背景に對する一考察」,『印度學佛教學研究』
　　　2-1호.

19. 藤田宏達,「原始佛教における四姓平等論」,『印度學佛教學研究』 2-1호.
　　　藤田宏達,「原始佛教における生天思想」,『印度學佛教學研究』19-2호.

20. 岩本裕,「古代インドの農業」,『古代史講座』 8권
　　　岩本裕,「古代インドの國家財政」,『古代史講座』 5권.

21. 羽溪了諦,「佛教興起の政治的背景」,『宗教研究』, 臨時特輯號, 1931년.

22. 藤謙敬,「古代インド下層カ-ストに關する若干の考察」,『印度學佛教學研究』
　　　13-2호.

23. 塚本啓祥,「アショ-カ刻文における一問題」,『印度學佛教學研究』 5-1호.
　　　塚本啓祥,「アショ-カ時代の佛教史研究の問題點」, 佐藤密雄博士古稀記念『
　　　佛教思想論叢』.

24. 山本智教,「マウルヤ時代の遺物」,『印度學佛教學研究』 1-2호.

25. 春日井眞也,「阿育王詔勅刻文の社會背景」, 山口博士 還曆記念『印度學佛教
　　　學論叢』(東京, 法藏館, 1955).

26. Romila Thapar,「 Asoka and Buddhism」, Past and Present 18
　　　권, Oxford, 1960. 11.

27. 吉熙星,「바가바드기타에 나타난 힌두교의 사회윤리」,『印度學印度哲學』 創
　　　刊 第1輯, 印度學印度哲學會, 1990.

28. 김호성, 『바가바드기따에 나타난 까르마요가의 윤리적 조명』, 「印度哲學」, 2
집, 印度哲學會, 1992.

29. 金東華, 「佛教의 國家觀」, 「佛教學報」 第十輯, 東國大學校 佛教文化研究
所, 1973.

30. 洪庭植, 「佛教의 政治思想」, 「佛教學報」 第十輯, 上同.

31. 김영태, 『佛教的 治國의 史的 實際』, 「佛教學報」, 第十輯, 上同.
김영태, 『佛教의 社會的 역할』, 「東國思想」 17집, 東國大學校 佛教大學,
1984.

32. 尹炳植, 『佛滅年代考』, 「佛教學報」 25집, 東國大學校 佛教文化研究所, 1988.

33. 朴京俊, 『佛教業說에서의 動機論과 結果論』, 「 佛教學報」 29집, 1992.

34. 韓相璉, 『佛教歷史哲學』, 「東國思想」 2집, 東國大學校 佛教大學, 1963.

35. 高翊晉, 『阿含의 無我輪廻說』, 「東國思想」 6집, 上同, 1971.

36. 曺勇吉, 『原始佛教 倫理思想考』, 「東國思想」 15집, 上同, 1982.

37. 郭滿淵, 『Veda 成立에 대한 小論』, 「東國思想」 15집, 上同, 1982.

38. 權五民, 『古代 印度 要素論의 一考察』, 「東國思想」 15집, 上同, 1982.

· 저자 ·

박금표　숙명여자대학교 사학과 졸업, 숙명여대 문학박사(동양사)
　　　　현재 한국외국어대학교 남아시아연구소 전임연구원,
　　　　숙명여자대학교와 한국외국어대학교 강사

　　　　저서
　　　　『인도의 종파주의』(공저). 한국외국어대학교 출판부. 2006년

　　　　주요 논문
　　　　「Maurya帝國과 Asoka왕의 Dharma政策」(석사학위논문)
　　　　「佛敎와 印度 古代國家 成立에 관한 硏究」(박사학위논문)
　　　　「古代 印度 農民의 身分變化」
　　　　「붓다시대 王權强化와 佛敎에 관한 연구」
　　　　「아르타사스뜨라에 나타나는 수드라와 농민에 관한 小考」
　　　　「아쇼카왕의 다르마에 관한연구 -공자의 덕치사상과의 비교를 통하여-」
　　　　「시크교와 민족주의」
　　　　「힌두와 무슬림의 역사적 관계」
　　　　「1935년 인도통치법과 힌두 무슬림의 갈등」
　　　　「인도와 파키스탄의 분리 독립과 힌두-무슬림 갈등의 동태화」

● 불교와 인도 고대국가 성립에 관한 연구

· 초판 인쇄 | 2007년 4월 30일
· 초판 발행 | 2007년 4월 30일

· 지 은 이 | 박금표
· 펴 낸 이 | 채종준
· 펴 낸 곳 | 한국학술정보㈜
　　　　　경기도 파주시 교하읍 문발리 526-2
　　　　　파주출판문화정보산업단지
　　　　　전화　031) 908-3181(대표) · 팩스　031) 908-3189
　　　　　홈페이지　http://www.kstudy.com
　　　　　e-mail(출판사업부)　publish@kstudy.com
· 등　　록 | 제일산-115호(2000. 6. 19)
· 가　　격 | 21,000원

ISBN　978-89-534-6675-3 95220 (Paper Book)
　　　　978-89-534-6676-0 98220 (e-Book)